イケメントレーナー presents

ずぼら女子のための おとなキレイ 養成講座

著　トキオ・ナレッジ
協力　EPARKスクール

GB

FEVER!!
おとな女子会は今日も大盛り上がり…
内容はもっぱら美容関係…
グチ
ぽっこりおなかを何とかしたい
グチ
老けて見えるのがイヤすぎる
グチ
グチ
ボリ
ボリ
絶望的に脚がむくむ
グチ

あとは健康関係も…
ウダ
間食が大好物すぎる
ウダ
ウダ
便秘が思いのほかガンコ
ウダ
ウダ
冷え性すぎて震えが止まらない
ウダ
グチってるばっかじゃ何も変わんないよっ！
えっ……!?

キラキラ~
だっ…
誰……?
ちょwww
わたし、
わ・た・し~
ハッ……!
まっ…まさか……
でも…
そんなはず…
えっ…あの……
3日坊主クイーンの
…たまちゃん!?
BEFORE
UNBELIEVABLE!!!

いったい…何が……!?
トレーナーさんたちにSNSを使って協力してもらったの
「おとなキレイ」にしてくださいって♪
思い切って頼んでよかったわ〜
写真も見る〜？
ぽっこりおなかを何とかしたいグループ
既読
20：38
どーしましょ？
うまー♥
ズズー
うまー♥
ムシャ
既読
20：38
正しい食事と運動だね
20：39
おなかのトレーニング教えるよ！
20：40
腹筋！
20：45
インナーマッスル腹筋しましょう
20：48
やっぱり食事ですかね〜
20：51
スマホ〜〜
ふう〜ん……
いちおう写真は見るけどね…
なっ……!?

これは池田《いけだ》 誠《まこと》さん
私の中では正統派イケメン。
これは青木泰蔵《あおきたいぞう》さん
私の中では三代目風イケメン。
これは阿部《あべ》一仁《かずひと》さん
私の中ではマッチョイケメン。
これは秋場《あきば》 航《わたる》さん
私の中では弟分的イケメン。
これは今《こん》 勇也《ゆうや》さん
私の中ではバレエイケメン。
この5人にお願いして食事と簡単なトレーニング…あとルーティンを見直してもらったの♪
みんな教室開いてるんだよ～

教・・・室・・・？
ピクッ
私たちも教わって……
今までの生活を
卒業だっ！
教わりたい！
かる〜い!!
おとなキレイになりたい!!
スッキリ！
ついでに会いたい
YES YOU CAN!

CONTENTS

おとなキレイ
COLUMN

CHAPTER 2

ヘルストラブル

HEALTH

Let's start!

TY
私、ガ二股じゃないから！
風の通り道になってるよ…
ひゅううう
このスカートかなり奮発して買ったのに…
ギリイイイ…
ワカメ食べてるのに…
バサ
バサ
ズ〜〜ン
ハー今日も眠れない…
病院行ったら？
寒…
ガチ
ガチ
ガチ
もうダメ…先に行ってて…
私、おみやげ
角度昨日より深くなってない？
大丈夫〜？
出ない…
ゲホ
また早退？
ぽっこりおなかを何とかしたいグループ
どーしましょ？
既読
20：38
うまー♥
うまー♥
ズズー
ムシャ
既読
20：38
正しい食事と運動だね
20：39
おなかのトレーニング教えるよ！
腹筋！
20：45
インナーマッスル腹筋しましょう
20：48

CHAPTER 1 ビューティートラブル

BEAU

ぽっこりおなか、振そで二の腕、老けて見える、

猫背、むくみ脚、タレ乳、タレ尻、肌荒れ etc. ——

その原因を知れば、きっと答えが見えてきます。

食事も運動も生活習慣も、少し変えるだけで大丈夫。

おとなキレイの第一歩を踏み出しましょう。

TROUBLE 01

ぽっこりおなかを何とかしたい

ぽっこりおなかを何とかしたいグループ

既読
20：38
どーしましょ？

既読
20：38

正しい食事と運動だね
20：39

おなかのトレーニング教えるよ！
20：40

腹筋！
20：45

インナーマッスル腹筋しましょう
20：48

やっぱり食事ですかね～
20：51

イケメン
ADVICE

おなかのインナーマッスルを鍛えて脂肪が燃える食事を摂りましょ♪

ぽっこりおなかの原因は、筋肉不足&脂肪過多。「何とかする」には、適度な運動で筋肉をつけ、食事習慣の改善で脂肪を燃焼させるしかありません。

「それができたら苦労しないよ！　ぽっこりしてないわよ‼」と激ギレする方もいらっしゃるでしょう。けれども、何も「糖質を2か月抜いてみよう」とか「1日30回×2〜3セット腹筋しよう！」と言っているわけではありません。

糖質、摂ってもいいんです。白米、食べていいんです。けれども、食べるタイミングと食べ方、そして脂肪を燃やす食材と一緒になら、です。

腹筋運動も、腹筋マシンを買わなくたっていいんです。仰向けになって呼吸するだけでOK。もちろん、ちょっとしたコツはあります。さっそく、見ていきましょう。

毎日腹筋とか
無理無理無理、絶対ムリ！
ごはんだって
朝は抜いてるし
カロリーにも気を
つかってるんですけど〜
話…ちゃんと
聞こうね？

ぽっこりおなかを解消しつつ絶対太らないからだを手に入れる！

というわけで、まずは食事の見直しから。脂肪がつくメカニズムは下図の通り。だから糖質をカットすればやせるんですね。そして、その糖質をめちゃめちゃ含んでいるのが、我らが主食、白米&パン&パスタ（当然うどんも）！ シュークリーム60グラムの糖質が約15グラムですから、朝に食パン、昼にパスタ、夜に白米を食べるだけで実にシュークリーム8個分の糖質を摂ってしまうという計算です。あ〜、怖い。

糖質は、朝より昼、昼より夜に摂ったほうが中性脂肪として蓄えられやすくなります。朝にしっかり摂って昼は控えめ、夜はなるべく摂らない、というのが糖質との上手な付き合い方と言えます。糖質を抑えたぶんは、脂肪を燃やすタンパク質でおなかを満たすと◎。赤身肉、魚介、野菜、きのこ、海藻は食べ放題です。糖質の吸収をゆるやかにしてくれる野菜やきのこ、海藻から食べるよう心がけましょう。

【 脂肪がつくメカニズム 】

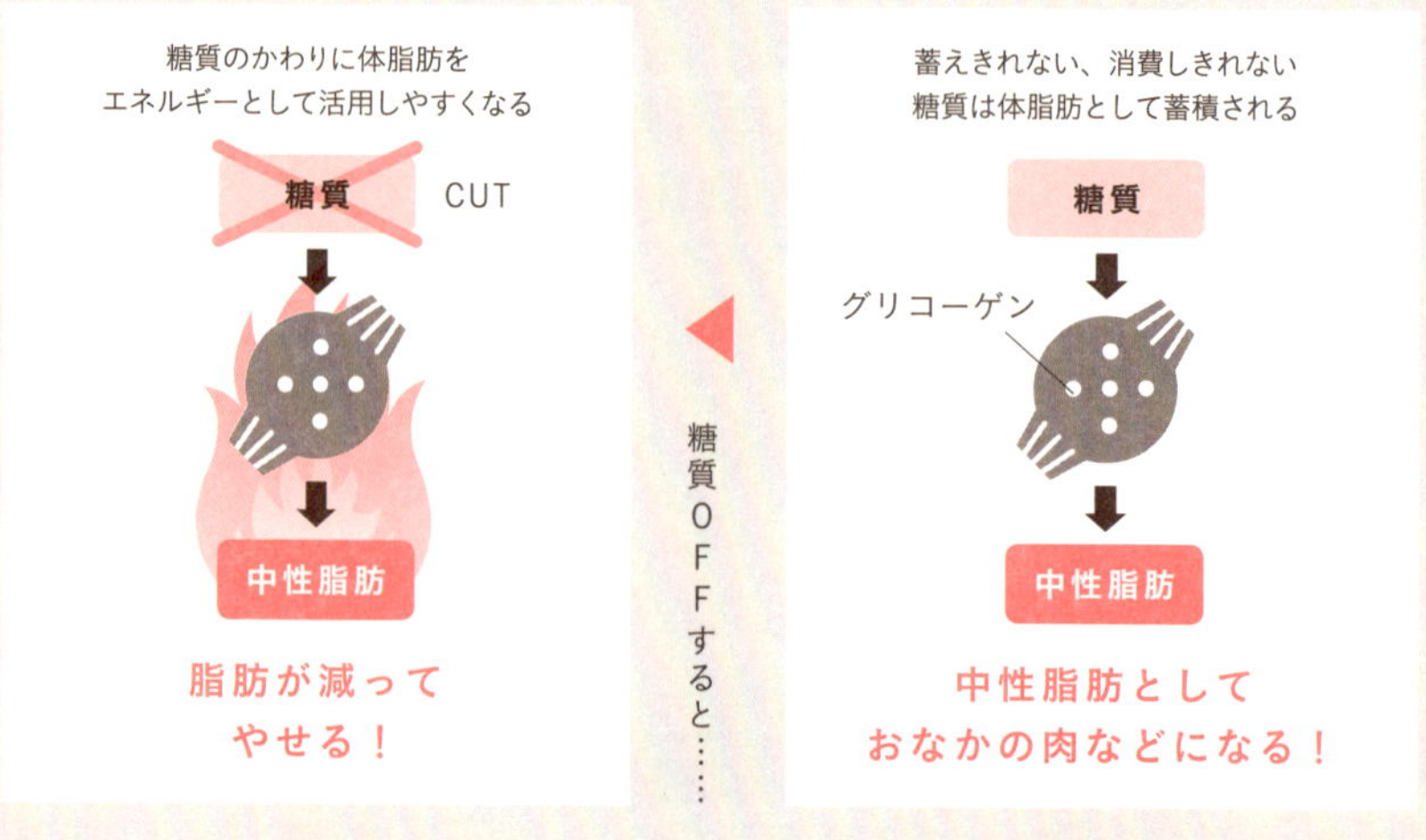
糖質のかわりに体脂肪を
エネルギーとして活用しやすくなる
糖質
CUT
中性脂肪
脂肪が減って
やせる！
糖質OFFすると……
蓄えきれない、消費しきれない
糖質は体脂肪として蓄積される
糖質
グリコーゲン
中性脂肪
中性脂肪として
おなかの肉などになる！

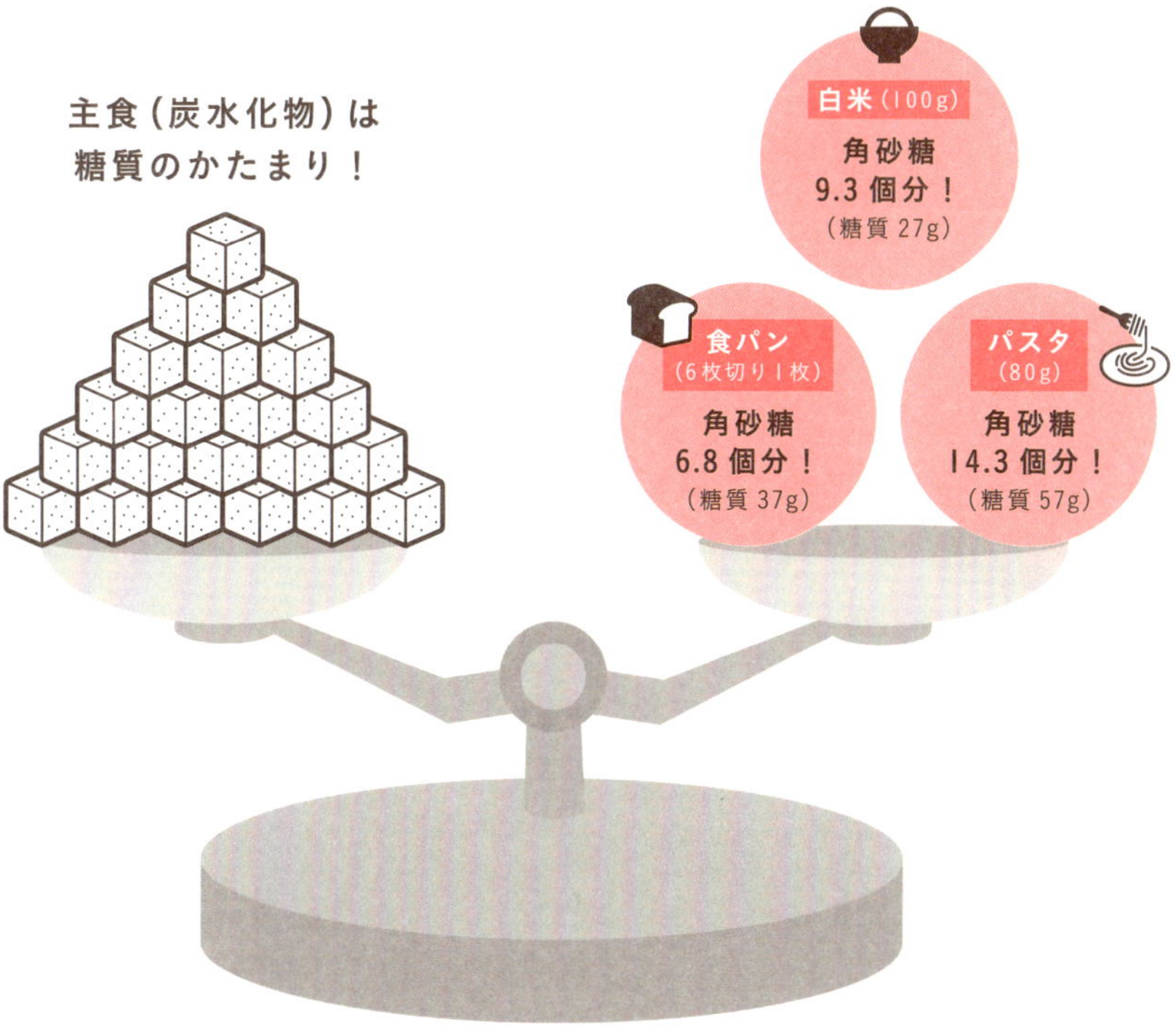
主食（炭水化物）は
糖質のかたまり！
白米（100g）
角砂糖
9.3個分！
（糖質27g）
食パン
（6枚切り1枚）
角砂糖
6.8個分！
（糖質37g）
パスタ
（80g）
角砂糖
14.3個分！
（糖質57g）

※角砂糖と炭水化物の胃における吸収速度は異なります

POINT

朝ごはんを抜いたら糖質もカロリーもCUTできて一石二鳥？

欠食が続くと代謝が下がり、筋肉量の低下を招くので、かえって太りやすい体質になってしまいます。1日3食きちんと摂る習慣をつけましょう。

このエクササイズで治しましょう

ドローイング

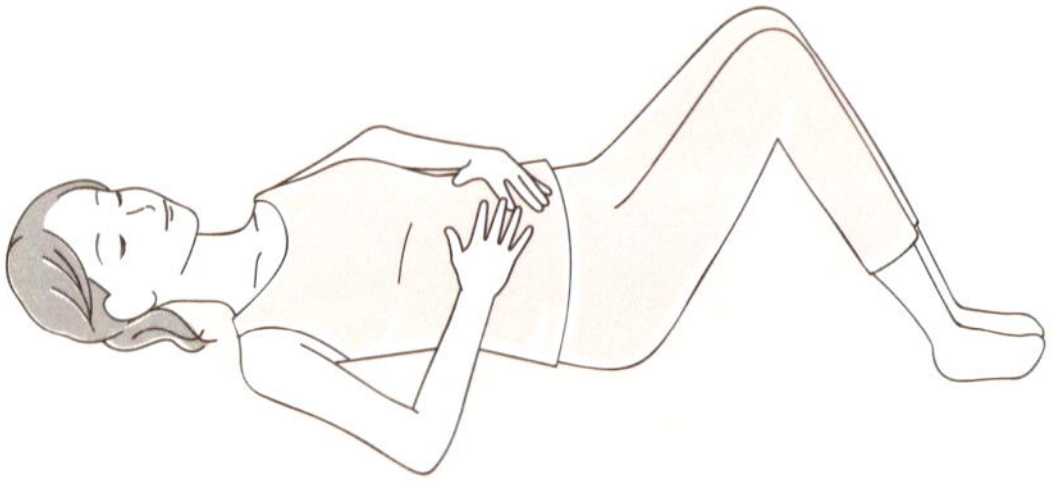

1 仰向けに寝て、大きく息を吸ったら、おなかに力を入れてへこませながらゆっくり吐いていく。おへそを背骨(または床)につけるようなイメージ。

2 おなかに圧力を加えて中の空気を押し出し、3分の2くらいに縮ませるイメージで。息を吐き切ったら、ぺたんこおなかのまま30秒キープ。手はおなかの上に置いておなかを意識する。

逆ドローイング

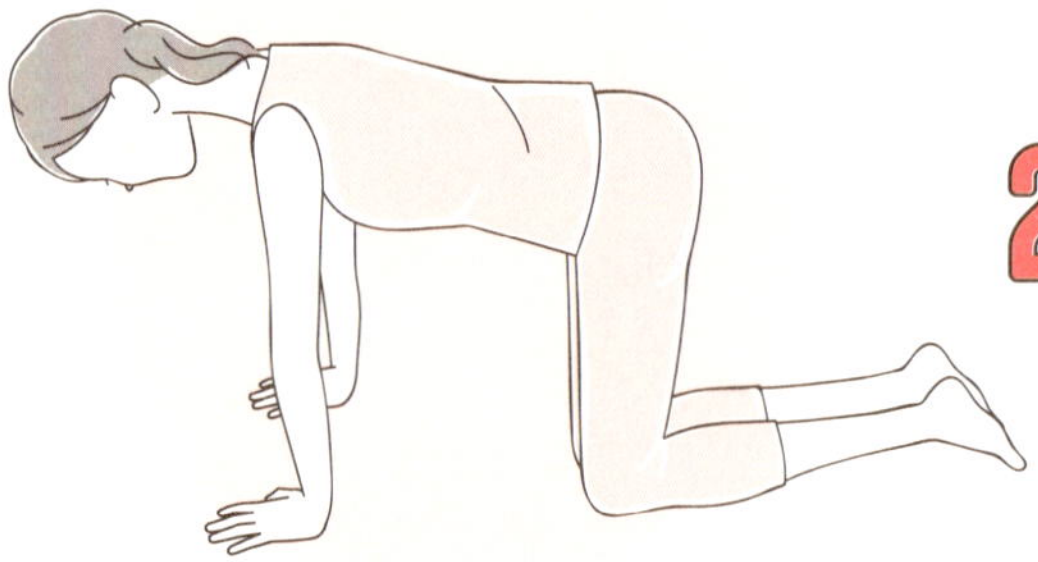

1 四つ這いになって大きく息を吸ったら、おなかに力を入れてへこませながらゆっくり吐いていく。背中はまっすぐをキープし、おへそを天井または背骨につけるイメージ。30秒〜1分キープ、朝昼晩3セット。

2 仰向けや四つ這いにならなくても、慣れれば座っていてもどこでもできる。理想は、睡眠時と食事をしているとき以外は、ずっとおなかに力を入れた感覚でいること。電車で立っているときも、人と話しているときも年中力を入れておくと、常に割れた腹筋をキープできる。

進化形ドローイング

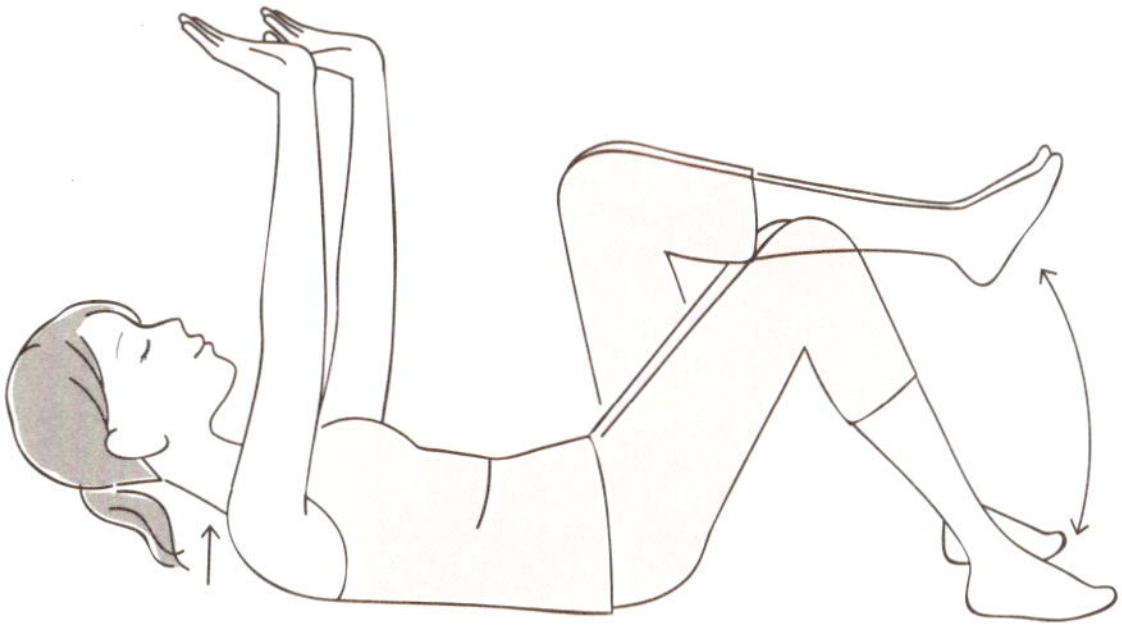

1 仰向けに寝てひざを立て、天井を支えるイメージで、腕を床に対して垂直に伸ばす。

2 そのまま、支えている天井を真上に押し込むように上体を起こす。肩が少し上がる程度でOK。腰は浮かさずに、胸から折れるように。腹筋を折り曲げるのではなく、アコーディオンのように縦につぶすイメージで。

3 より負荷を強めたいときは、床につけた足を浮かせる。

POINT

思ってた腹筋と
全然違うんですけど……

腹筋を鍛えるための運動に、大きな動きは必要ありません。ポイントは、使う筋肉に意識を集中すること。いわゆる「腹筋」ではなく、おへその下をしっかり使いましょう。

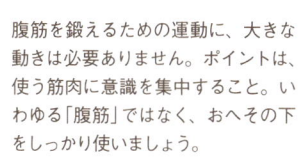

おとなキレイCOLUMN

くびれ美人のつくり方

ぽっこりおなか解消も大事だけれど、
おとなキレイのゴールはやっぱり、くびれ美人。
３日で効果を実感、毎日続けて効果に感激！ のストレッチを
おとなキレイなバレエダンサーから学びましょう。

バレリーナの ねじりポーズ

1 背筋をスッと伸ばし、つま先を正面に伸ばして体育座りをする。骨盤の中央に上半身を乗せ、からだの土台となる仙骨（骨盤の中央、背骨の下端に位置する骨）を上に持ち上げるようなイメージで。

2 背筋を伸ばした体育座りのまま、息を吐きながら左手を右脚の外側に出す。左のひじで、右ひざを外側から押すようなイメージ。からだをねじる際も伸びた背中はキープ。

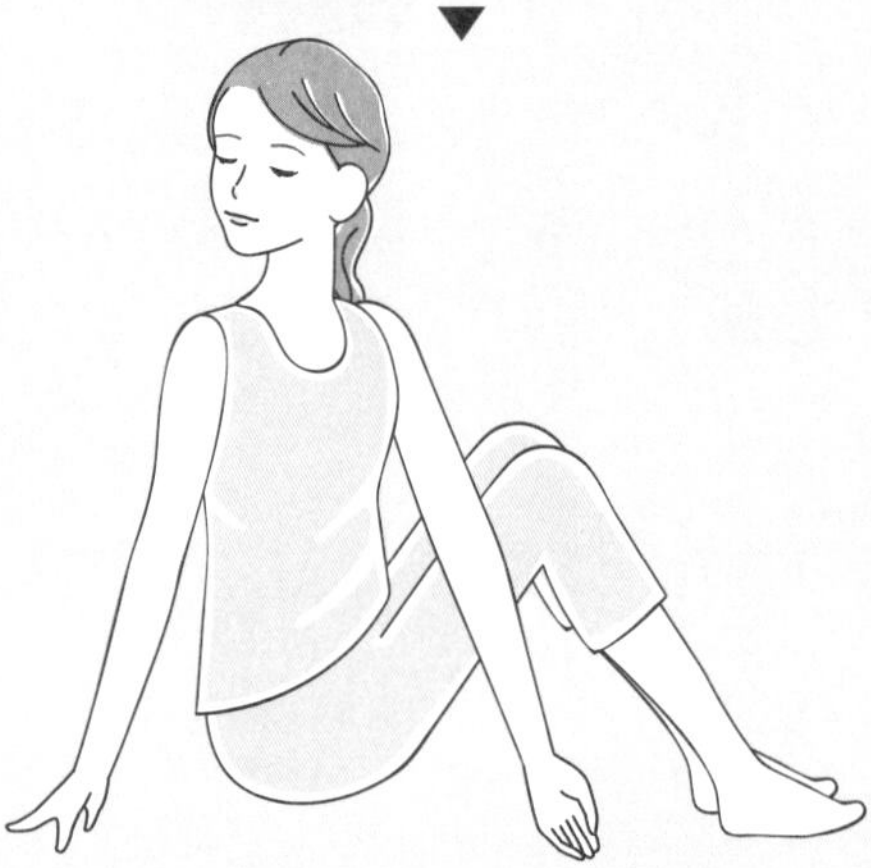

3 逆の腕も同様に行う。左右ともに3秒間でねじる動作を１セットとして、１日２セット。

腹筋・側筋
「Wシェイプ」

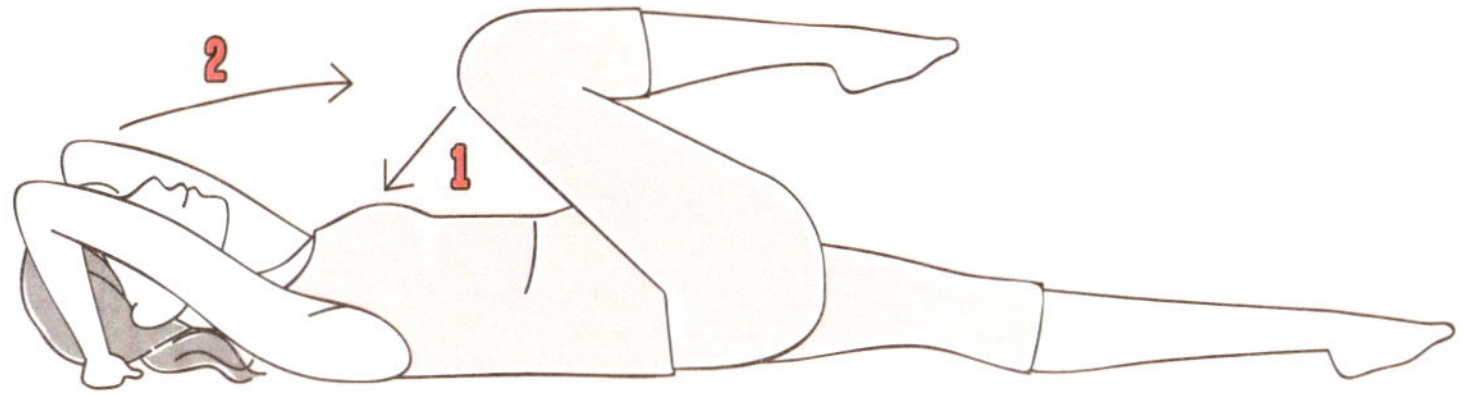

1

仰向けになって両手を頭の後ろに組み、右ひざを胸に引き寄せる。できるかぎり胸に近づけるよう意識して。

2

左ひじを右ひざになるべく近づけて５秒キープ。その際、上体は起こさないこと。

3

反対側のひじとひざも同様に近づけて５秒キープ。左右で１日５セット。

この美人に教わりました

SATOKOさん
(KSD)

https://school.epark.jp/columns/lesson/ballet_stretch

PROFILE

KSDインストラクター。アメリカ・カナダツアー、オーストリア・ウィーンなどの海外公演をはじめ、皇太子・雅子妃御成婚記念学習院OB演奏会、日韓交流公演、日本バレエ協会公演など国内外での多数の講演実績を誇る。また日本テレビ系ドラマ『プリマダム』、テレビ東京系ドラマ『死化粧師』の出演者指導も担当するなど、多方面で活躍中。

POINT

ストレッチはどうして「息を吐きながら」するの？

ストレッチ中に呼吸を止めないようにするのは、息を吐くことで筋肉の緊張を解くためです。筋肉が最大限にゆるんだ状態でストレッチすることによって、筋肉や腱が最大限に伸ばされます。逆に息を吸う際は筋肉が緊張しています。ストレッチの効果を第一に考えるなら、「息を吐きながら」が正解なのです。

TROUBLE 02

着たい服ほど似合わない

着たい服ほど似合わないグループ

似合わないというか…
もはや入りません！

既読
10：41

このスカート
かなり奮発して
買ったのに…
ギリイイイ…

既読
10：41

脂肪を落とす食事を心がけましょう！

10：42

あ〜、ぽっこりおなかのときに
聞いたあれですか……
確か糖質制限がどうとか…

既読
10：43

完全に忘れてるじゃないですか！

10：44

いや、まあ…はい……でも…
ごはんが好きなんでごわす！

既読
10：46

だから食べていいんだって…

10：47

イケメン ADVICE

バランスのよい食事こそが 脂肪を落とす&太りにくいからだへの早道

脂肪を落とす食事とは、すなわちバランスのよい食事のこと。だから、ごはんは食べていいんです。けれども、野菜や海藻、きのこなどがたっぷり入った副菜やスープ、肉や魚といった主菜をしっかり摂ることが大前提です。

なぜバランスのよい食事が脂肪を落として太りにくいからだをつくるんでしょう?

それは、食材それぞれに効能があるからです。脂肪の燃焼をサポートしたり、筋肉をつくったり、からだを温めたり、腸内環境を改善したり、新陳代謝を高めたり——。

そして当然のことながら、ひとつの食材だけですべての栄養素を摂れるわけではありません。肉や魚、野菜や果物などさまざまな食材を組み合わせていただくことこそ、太りにくいからだをつくる早道なのです。

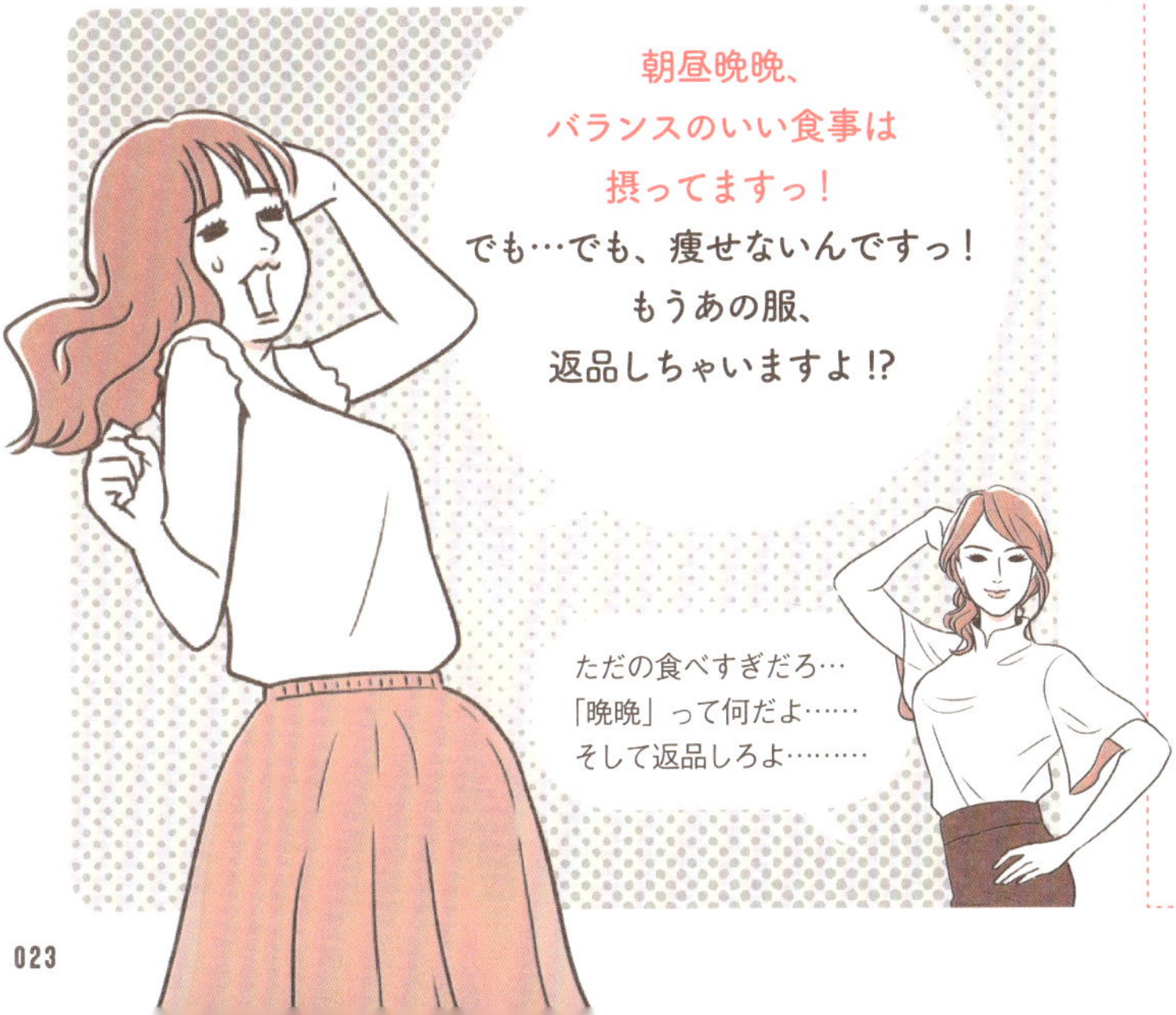
朝昼晩晩、
バランスのいい食事は
摂ってますっ!
でも…でも、痩せないんですっ!
もうあの服、
返品しちゃいますよ!?
ただの食べすぎだろ…
「晩晩」って何だよ……
そして返品しろよ………

糖質を中性脂肪にするためにせっせと働くホルモンの分泌に「待った！」

バランスのいい食事なのだけれど、つい食べすぎちゃう…。そのお悩みは、「食べ順」が解決してくれるかもしれません。ポイントとなるのは、「血糖値」です。

老若男女、誰でも食事を摂ると血糖値が上がります。血糖値が上がると糖をエネルギーに変えてくれるホルモン（インシュリン）が分泌されますが、このホルモンにはあまった糖を脂肪に変えてしまう働きもあるんです。そしてインシュリンは血糖値の上げ幅が大きければ大きいほどたくさん分泌され、せっせと糖を脂肪に変えてしまいます。仕組みとしては、「血糖値の上げ幅を小さくできれば、糖が脂肪に変わりにくくなる」と言えるでしょう。

「食べ順の話はいつ出てくるんじゃ～い！」と思っていたみなさん、お待たせしました。そうです。血糖値の上げ幅は、食べ順で小さくできるんです。

本当は足りていないタンパク質

摂取すべきタンパク質を摂れていない人が増えています。1日に必要なタンパク質量は左表の通り。「思ったよりも多いな」と感じた人が多いんじゃないでしょうか？
タンパク質が足りないと筋肉量が減少し、結果として基礎代謝がダウン。太りやすいからだになってしまうというデメリットもあります。食物繊維も大切ですが、タンパク質も意識して食べるようにしましょう。

体重別の１日に必要なタンパク質量

体重	タンパク質(g)	肉・魚換算量(g)
100kg	120～160	600～800
95kg	114～152	570～760
90kg	108～144	540～720
85kg	102～136	510～680
80kg	96～128	480～640
75kg	92～120	450～600
70kg	84～112	420～560
65kg	78～104	390～520
60kg	72～96	360～480
55kg	68～88	330～440
50kg	60～80	300～400
45kg	54～72	270～360

出典：『20kgやせた！ 作りおきおかず』（宝島社刊　麻生れいみ著）

からだに不要な糖質&脂質を包み込んで排出！水溶性&不溶性食物繊維のすごいチカラ

気になる食べ順は「1に汁物、2に副菜のサラダ・おひたし・酢の物、3に肉や魚といった主菜、最後にごはんやパン」です。まずは汁物でからだを温め、消化吸収力をアップ。ポイントは次の副菜です。野菜やきのこ、海藻などに多く含まれる食物繊維は、水溶性と不溶性の2種に分けられます。

特に注目したいのは、水溶性食物繊維。からだに不要な糖質や脂質を吸収し、急激な血糖値の上昇を防いでくれます。だからこそ、糖質を摂る前に消化管に先回りさせる必要があるのです。ちなみに、不溶性食物繊維には、排便を促進する効能あり。よぶんな糖質や脂質は体外へ、というわけです。さらに不溶性食物繊維は噛みごたえのある食材が多いため、ごはんやパンを食べるころには満腹感も得られるというおまけつき。次の食事の前に急激におなかがすくということもなくなるため、間食も自然と減らせるでしょう。

【 逆に摂りすぎると怖いタンパク質 】

摂取量が足りないタンパク質ですが、実は摂りすぎてもよくありません。まず内臓疲労。そして腸内環境の乱れ。さらにはカロリーオーバーによる肥満です。肉などは部位によっては脂肪が多く、カロリーも高くなってしまうため、量を摂るとカロリーオーバーになりがち。タンパク質豊富な食材を摂る際は、脂肪分の少ないものを。そして調理に油を必要以上に使わないなどの配慮が必要だと言えるでしょう。

おとなキレイをつくる食材 8

太りにくいからだをつくる！
そんな熱い決意を新たにしたみなさんに
脂肪を燃焼させる栄養素をお教えします。
バランスよく組み合わせて、おとなキレイをゲットだっ！

ビタミンB2

レバー

納豆

卵

脂質、糖質、タンパク質の代謝のほか、皮膚や粘膜の健康維持に関係する。不足すると口内炎や目の充血を引き起こす。

カルニチン

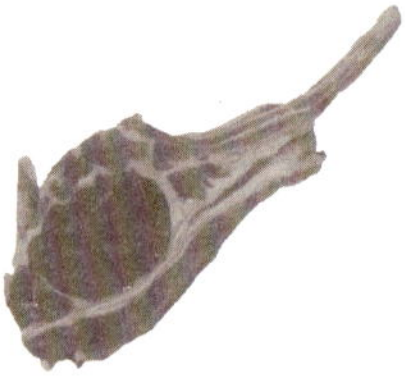
ラム

牛肉

豚肉

脂肪を燃焼する際に必要不可欠な栄養素。不足すると、疲労感や息切れの原因となる。中年太りの原因でもある。

ナイアシン

たらこ

まぐろ

かつお

脂質、糖質、タンパク質の代謝に不可欠な栄養素。魚類のほか、肉類、レバーに多く含まれる。

ビタミンB1

豚肉

うなぎ

玄米

糖質の代謝を促す酵素の役目となる栄養素。不足すると疲れやすくなるほか、脚《かっ》気《け》を引き起こす。

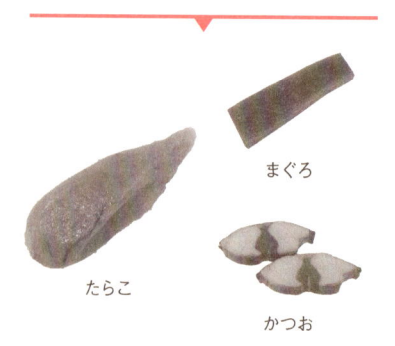

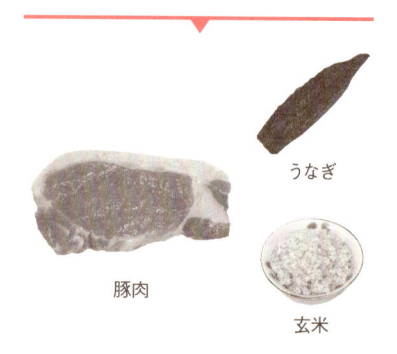

「代謝」というのは、エネルギーを消費すること。脂質、糖質、タンパク質が体内で科学反応を起こしてエネルギーとなり、それを消費するまでを指します。ちなみに「基礎代謝」とは、常に行われているエネルギー消費のことなの。

カプサイシン

唐辛子

アドレナリンなどのホルモンの分泌を促す。結果、エネルギー代謝が活発になり、脂肪の分解を活性化させる。

パントテン酸

レバー

納豆

鶏肉

脂質、糖質、タンパク質の代謝を助ける栄養素。さまざまな食品に含まれ、普通の食生活で欠乏することはない。

不溶性食物繊維

豆類

穀類

いも類

水分を吸収してふくれ、排便を促進。よく噛む必要があるため、食べすぎを防ぐ効果も。きのこ、野菜にも多く含まれる。

水溶性食物繊維

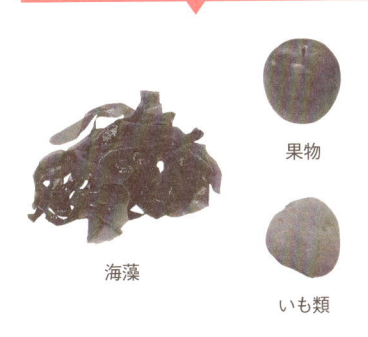

果物

海藻

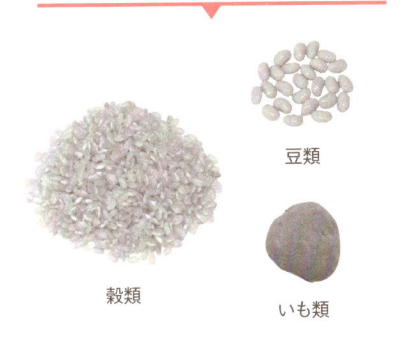

いも類

ブドウ糖の吸収速度を遅くし、急激な血糖値の上昇を防ぐ栄養素。豆類、野菜類にも多く含まれる。

TROUBLE 03

振りそで二の腕でつらい

振りそで二の腕でつらいグループ

腕立て伏せをしてもしても
全然タプタプなんです！

既読
21：06

既読
21：07

Oh…しっかり上腕三頭筋に
アプローチしなきゃです！

21：10

脂肪が燃える食事と
二の腕トレーニングしましょう

21：15

正しい運動と食事からだね〜

21：16

や…やっぱり、また
それですか……（涙）

既読
21：18

違う筋肉を鍛えないよう上腕三頭筋を意識して(夢に出てくるくらい)

振りそで二の腕の原因は、上腕三頭筋を普段使っていないことがほとんど。その解消には腕立て伏せも効果的なのですが、広げる手の幅によって鍛えられる筋肉が変わってくるので注意が必要です。

手の幅を広げて腕立て伏せをすると大胸筋に、狭めてすると上腕三頭筋にアプローチします。また、しっかりとひじを曲げ伸ばすこともポイント。意識して動作をすることで筋肉は刺激を受け、発達していきます。

腕立て伏せは手の幅を狭めるべし――さっそく紙に書いて枕元にでも貼っておきましょう。

もちろん、あなたの二の腕でタプタプしている成分のほとんどは脂肪です。やさしさではありません。ウォーキングなどの有酸素運動や食事で脂肪を燃焼させることもお忘れなく。

【 上腕二頭筋と上腕三頭筋 】

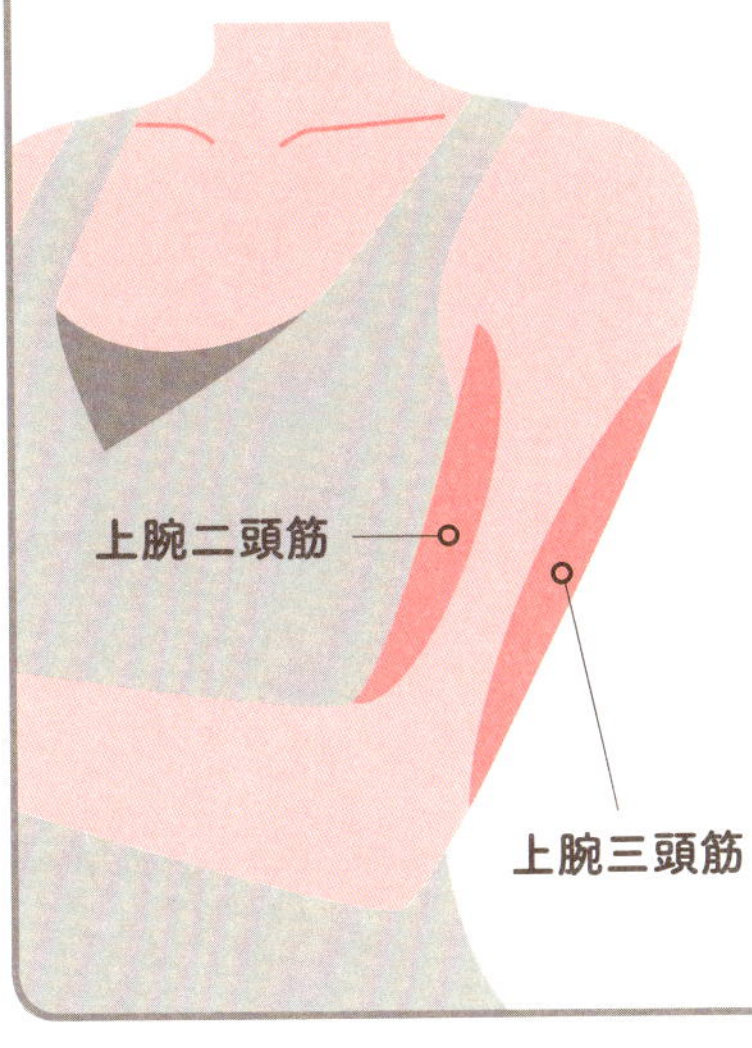

物を持ち上げるときに使うのは上腕二頭筋。いわゆる「力こぶ」にあたる筋肉です。逆に、ひじを伸ばして物を押すときに使うのが上腕三頭筋。これは男性のほうが日常的に使う機会が多いため、女性のほうがたるみやすいのです。

この上腕三頭筋を効果的に鍛えることで、振りそで二の腕は自然と改善されていきます。

このエクササイズで治しましょう

キックバック

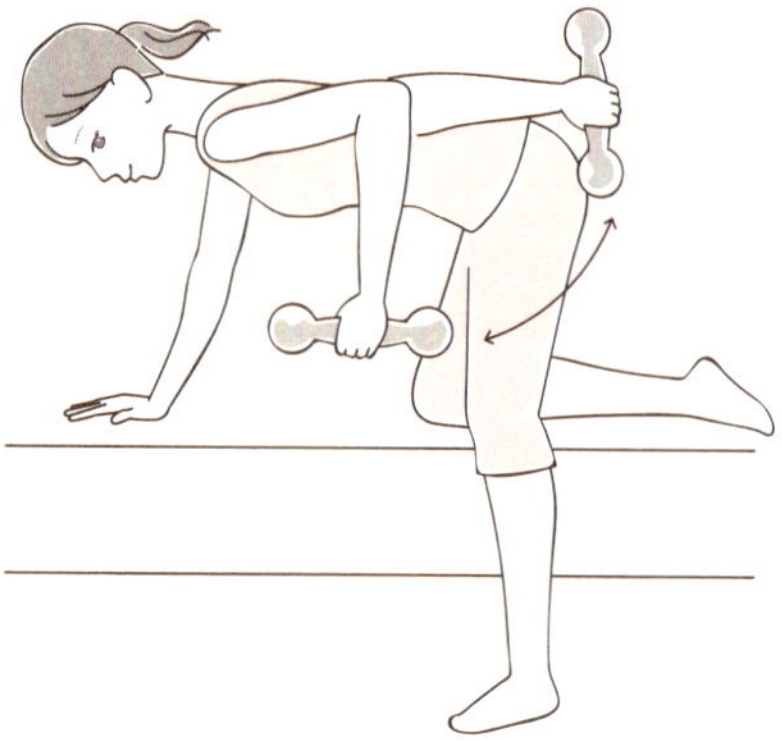

1 ダンベルか、水を入れた500mlのペットボトルを持ち、逆側の腕と足をベッドやソファにのせ、ひじを曲げ伸ばしする。

2 ひじを伸ばすときに二の腕の筋肉が収縮するのを意識すること。

慣れてきたら……

進化形キックバック

1 ダンベルか、水を入れた500mlのペットボトルを持ち、上体を90度に曲げてひじを曲げ伸ばしする。

2 ひじを伸ばしたときに上腕三頭筋が収縮し、負荷がかかっていることを意識する。回数を決めてしまうと、回数をこなすことだけ考えてラクをしてしまうので、40秒間動かし続ける（筋肉の緊張状態を続ける）ことを意識したほうがよい。

3 キツくなってくるとひじが下がってくるので、フォームを崩さないようにすること。

POINT

腕立て伏せの手の幅…
狭くって、どれくらい？？

腕は肩幅に開いて行うとよいでしょう。床にひざをついたまま、ひじを曲げ伸ばししているときに上腕三頭筋に負荷がかかっていることを意識して。

もっと手の幅を狭めたら
どうなる……？

より上腕三頭筋が鍛えられ、すっきり二の腕への道が近づくでしょう。腕立て伏せは自重なので、人によっては負荷が大きいことも。15〜20回できないようであれば、ひざをついて行ったほうが安心です。

フレンチプレス

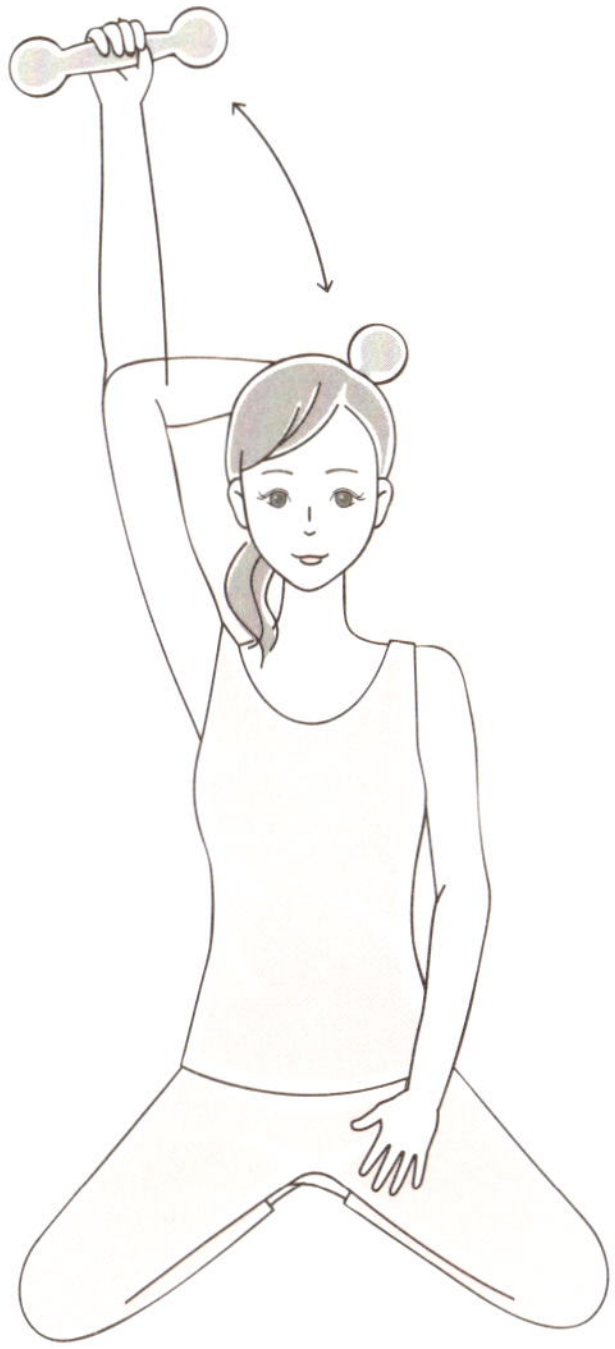

1 ダンベルか、水を入れた500mlのペットボトルを頭の上で持ち、ひじを曲げ伸ばしする。

2 キックバックとは逆に、ひじを曲げたときに上腕三頭筋が伸びて、負荷がかかっていることを意識する。2〜3秒ずつの曲げ伸ばしを15〜20回。

エクササイズに慣れてきたら…

基本の動作に慣れたら、
身近なものも使いましょ。
大きめのペットボトルから、
ベッドやソファの段差まで使って——
いつでもどこでもエクササイズ！

大きめのペットボトルで代用可

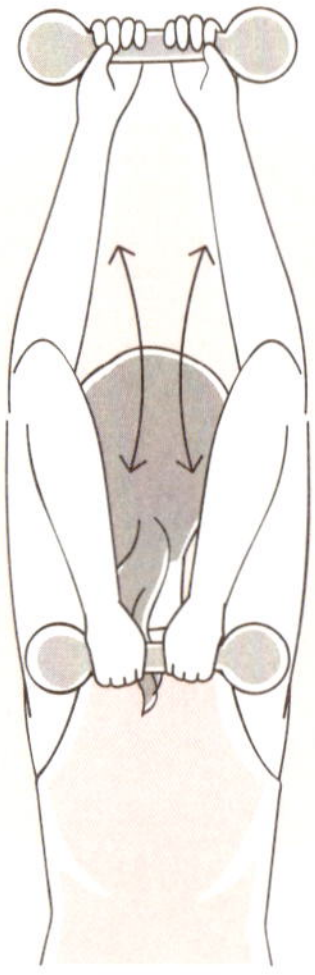

1 ダンベルか、水を入れた1リットルのペットボトルを両手で後ろ手に持つ。

2 上から下へ下ろす。

座りながらでもＯＫ

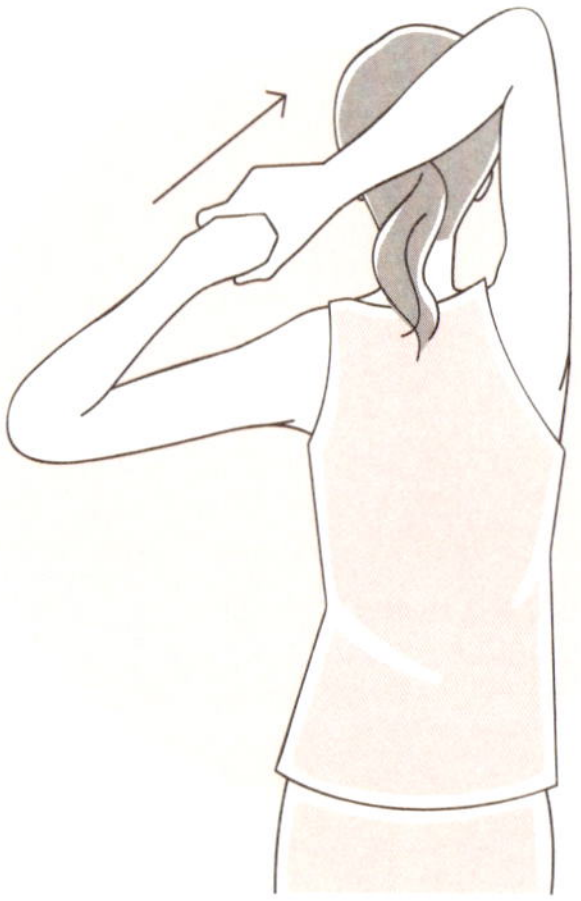

1 ボディタオルで背中を洗うときの持ち方で後ろ手に持つ。

2 上の腕より少し強い力で下の腕を引っぱる。下の腕で引っぱったときに、上の二の腕が伸ばされるイメージで。

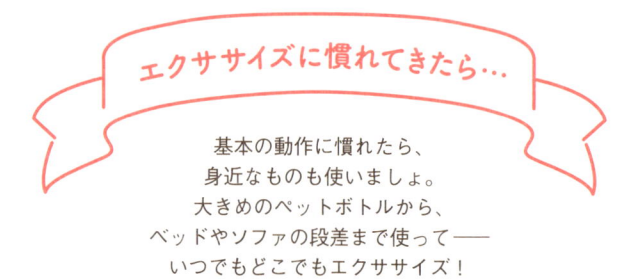

段差を利用して……

1 ベッドやソファの端に後ろ手で両手をつき、足は前方に投げ出しひざを90度に曲げる。

2 そのまま腰を垂直に下ろし、両ひじを90度まで曲げる。

3 さらに負荷を強めたいときは、足を前方に伸ばして行う。

POINT

負荷を強くすれば、それだけ早く二の腕がすっきりしますか？

高い負荷でトレーニング（ゆっくり上げ下げ）すると、筋肉がつきます。つまり、たくましくて太い腕になるということ。そうならないためにも、ダンベルやペットボトルは重くしすぎないようにしましょう。重さよりも回数をこなすことをおすすめします。

老けて見えるのがイヤすぎる

老けて見えるのがイヤすぎるグループ

既読 13：13 イヤなん death

既読 13：13

ルルベとプリエ、やってみますか？ 13：15

既読 13：15 えっ…なんかかわいい (^^ ♪

既読 15：32 あれ？　今さん？？

既読 15：33 老いが進行していくよ〜
た〜す〜け〜て〜！

今日

既読 9：01 昨日は大変失礼いたしました。
ルルベとプリエ、
ご教授いただけると幸いです。

イケメン ADVICE

バレエをやっている人が若く見えるのは いつも正しい姿勢でいるからなんです

肌にハリがない、髪にコシがない、顔色が悪い、いつも疲れている、化粧が厚い、というかアイシャドウが青いetc.――老けて見える理由は数あれど、バレエのメソッドでは「姿勢が悪い」というのが一丁目一番地です。

いつも正しい姿勢でいられれば、まず、ぜい肉がつきにくい身体になります。ましてやバレエは全身運動。適度な運動を続けているからこそ、歳を重ねても筋肉が落ちないんです。バレエをやっている人がいつまでも若々しく見えるのには、そういった秘密が隠されているんですね。

だから結論だけ言ってしまえば、「今日からでもバレエを始めましょう」ということになります。まずはバレエの基本の動き「ルルベとプリエ」で骨盤の位置を正すとよいでしょう。

バレエの動き……？
なんだか難しそう。。。
大丈夫！
僕が教えている
子どもだってやっている
超基本ですから！！

このエクササイズで治しましょう

ルルベ

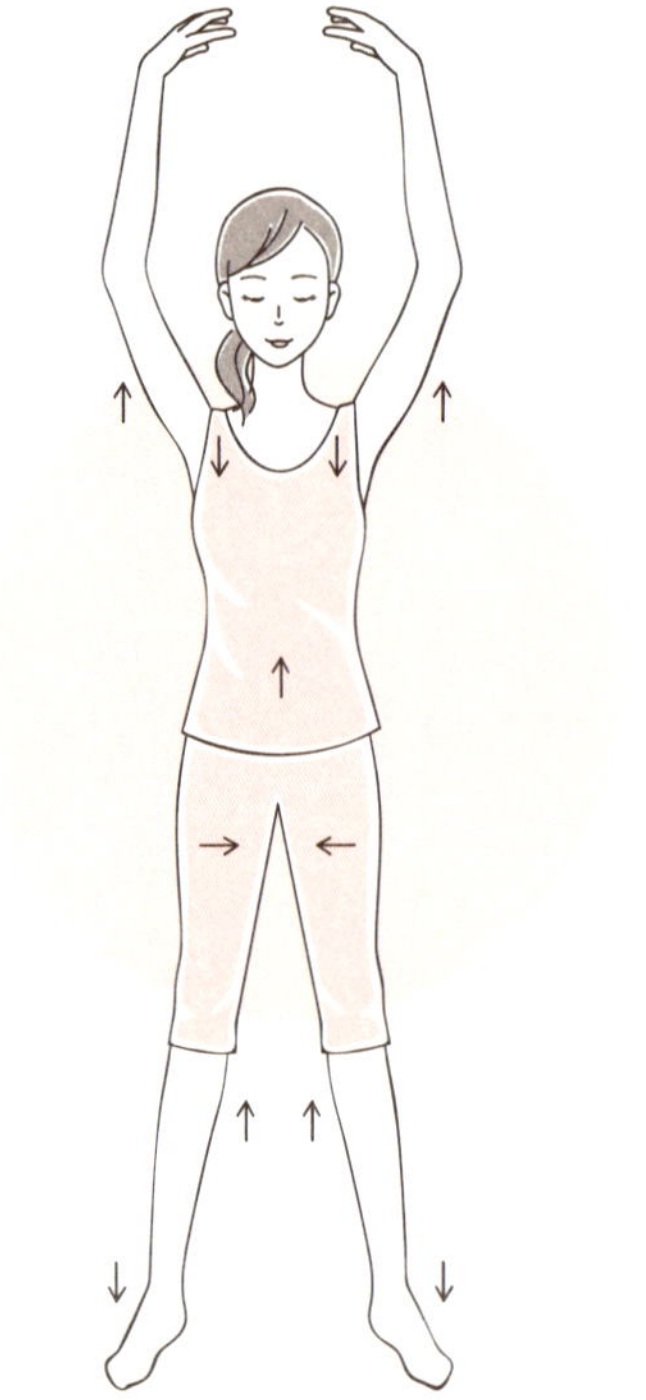

1 かかとを上げてつま先立ちになる。身体全体が真上に引き上げられるイメージで。腕はひじを軽く曲げたまま斜め上に。おなかを上げて、お尻と背中で立つイメージ。

2 最初の姿勢と腕を上げた姿勢を繰り返す。ゆっくり5回。内股になり、間にボールを挟んで行うとより効果的。

基本ポジション

1 かかとを肩幅まで開き、つま先はできるだけ外へ向ける。ひざはつま先と同じ方向に向くよう、股関節から脚を開くイメージで。腹筋を引き上げて骨盤はまっすぐな状態。

2 背筋を伸ばして視線を前に向け、ひじを外側に広げて手は身体の前に。バレエの呼吸（P97参照）を行うと、より効果的。

プリエ（2番プリエ）

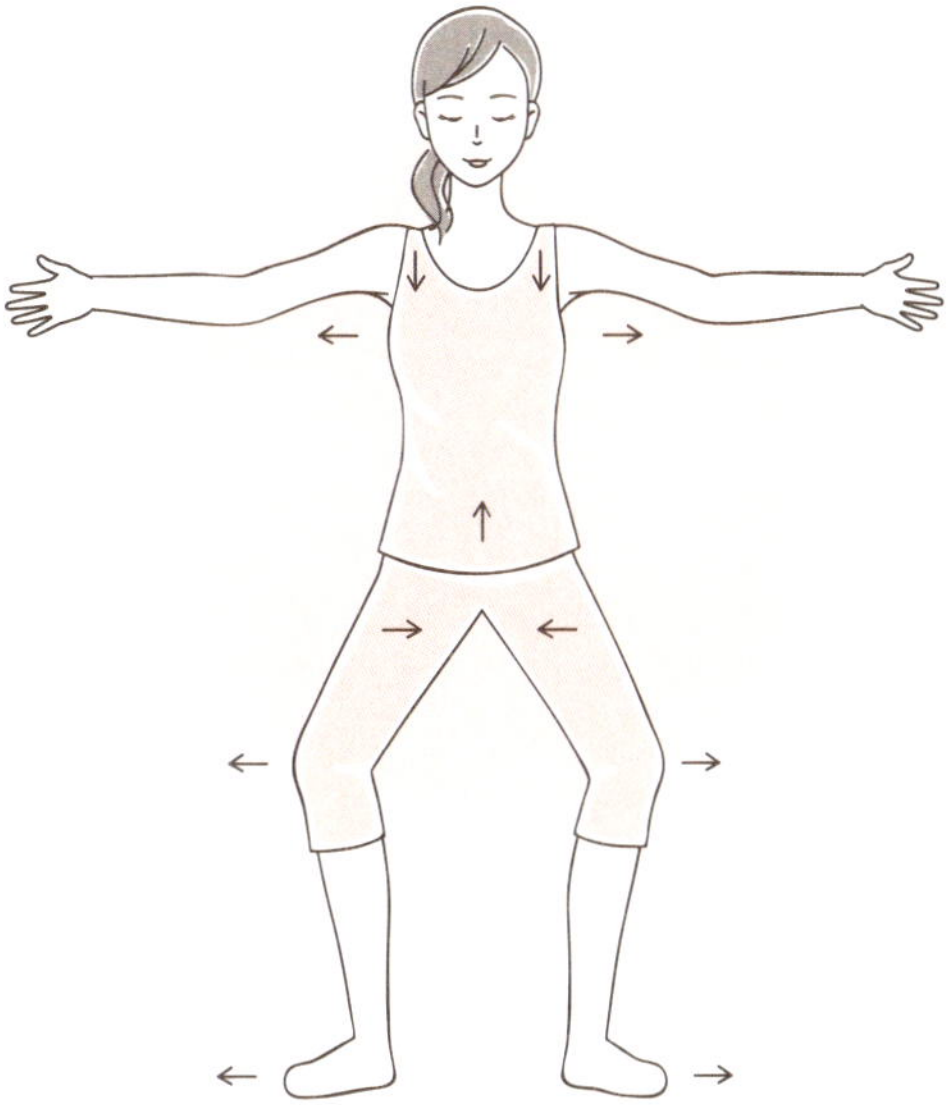

1 基本ポジションから両手を横に広げ、ひざとつま先を同じ方向にゆっくり広げてかかとをつける。

2 ルルベ同様、脚を股関節から開くイメージで。最初の姿勢と脚を広げた状態を繰り返す。ゆっくり5回。ひざのうしろとももの間にボールを挟むイメージで、ひざを曲げてもボールが落ちないように意識する。

POINT
プリエとルルベ、それぞれどういいのか知りたいです！
バレエは「美」を追究した舞踊です。基本レッスンには美しくなるために筋肉を動かすメソッドがあります。プリエは骨盤の位置を正し、ルルベはふくらはぎの筋肉を鍛える効果があります。いつまでも若々しくいたい方におすすめです。

バレエのメソッドで立つ・歩く・座る

日常の基本動作もバレエのメソッドで、
おとなキレイに！
マスターすれば、起きている間は常にトレーニング状態 ——
からだはみるみる変わっていくはずです。
さっそく今日から習慣にしてしまいましょう。

おとなキレイな歩き姿

1 両手を腰にあて、上から吊り上げられているような意識でひざから進むように足を前に出す。その際、ひざは曲げない。

2 顔はまっすぐ正面に向ける。背骨はまっすぐ伸ばし、おへその下から前に出るイメージで。からだ全体の動きに慣れたら腕をおろし、ひざを曲げずに歩く。

おとなキレイな立ち姿

1 両手を組んで天井に向けて大きく伸びをし、おなかを凹ませる。そこから肩甲骨だけ力を抜き、腕を下げる。

2 顔はまっすぐ正面に向ける。肩はリラックスさせ､上げないよう注意。おなかは凹ませたまま、持ち上げるようなイメージ。足裏でからだを支えるイメージで、下半身の重心を地面方向に意識する。

おとなキレイな座り姿

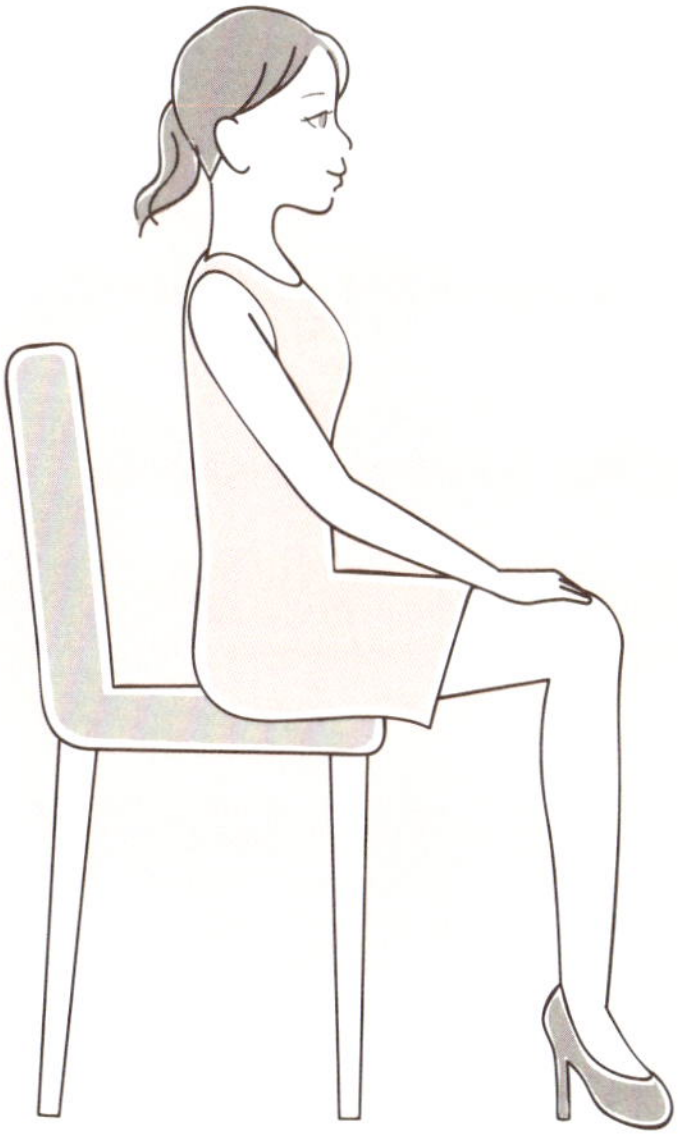

1 背中のラインとイスの座面が垂直になるように座る。座骨はイスの座面に均等にあたるように。

2 目線は目の高さよりやや上方向に。おなかを引き上げ、上半身が天井方向に伸びるイメージで。

3 脚は揃え、イスの形に添ってやや前に。ひざ頭はピッタリ閉じる。

POINT

ひざ頭ピッタリがキツイです！！！

座った際、ひざ頭が開いてしまうのは、腰と太ももをつなぐ筋肉が弱いからです。本書でトレーナのみなさんがおすすめしている太もも裏のストレッチ（P54 参照）やブルガリアン・スクワット（P73 参照）でも鍛えられるので、さっそくトライしてみてください。

TROUBLE 05

猫背すぎてはずかしい

猫背すぎてはずかしいグループ

既読 14：45 つらたん

既読 20：38

バレエをすることによって簡単に治ります 14：47

ぽっこりおなか＆タレ乳にも
なってません？　あと肩こりも
キツイんじゃないですか？？ 14：48

からだの前面が硬くて、
背中が弱いんですね 14：50

背中のエクササイズが効果的ですね！ 14：51

正しい運動と食事！ 15：02

イケメン
ADVICE

空前絶後、超絶孤高のタチの悪さ すべての悩みの生みの親、それが猫背です

猫背ほど、見た目で損するものはありません。老けて見えるのはもちろん、さえない風に見られたり、根暗そうに見られたりと、その風評被害は計り知れないものがあります。自分では全然そんなつもりはないのに、まわりからはそう見られてしまっているのです。もう恥ずかしくて、明日から友だちの目を見られそうにありませんよね。

しかも猫背のタチの悪いところは、「おとなキレイになりたい女子のお悩みベスト10」のほとんどの原因となりうる、という点。肩こりも腰痛も、ぽっこりおなか、タレ尻、冷え性だって、猫背由来の可能性があるのです。けれども、猫背は簡単に治せるんです。なぜ気づかなかったのか、なぜ治さなかったのかを嘆いているヒマがあったら、とっとと治してしまいましょう。

初対面なのに
「だらしない女」認定されるのは
猫背が原因だったのか～！
猫背を治して
「ちゃんとした女」として
再デビューするぞっ♪
猫背のせいじゃ
ないだろ……

ストレッチ＆エクササイズで正しい姿勢を定着させてNG習慣を断つ！

世にも恥ずかしい猫背を治す前に、まずはその原因を確認しておきましょう。猫背の原因は、肩が前に入ってしまっており、背筋が伸び切ってしまっていること（※）。

まずは、からだの前面をストレッチで伸ばして矯正を。返す刀で背中をトレーニングで鍛え、正しい姿勢を定着させましょう。それだけで猫背は確実に改善していくのです。

プラスして、猫背を助長する習慣を見直すのもよいでしょう。ノートパソコンを使ったデスクワークは、猫背トラップの最たるもの。正しい座り方（P39参照）をキープして作業するよう心がけましょう。スマホを見るときの姿勢も、ついつい猫背になりがちです。顔の高さまで上げて見るクセをつけましょう。街中だと猫背以上に目立って恥ずかしいかもしれませんが、「スマホに触れる時間を減らせる（恥ずかしいから）」とポジティブに考えるとGOODです。

※腹筋が弱い可能性もあります。

【 猫背を治すと小顔になる!? 】

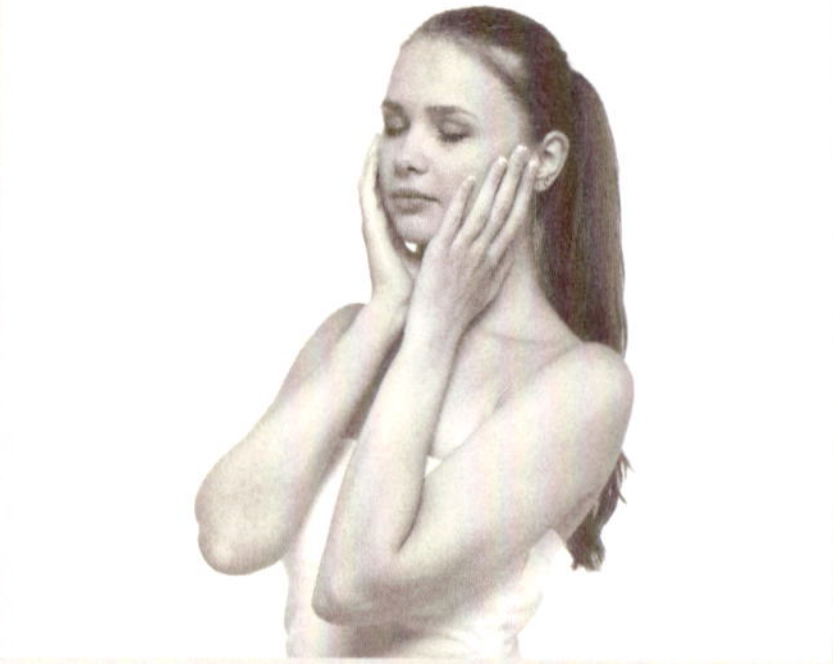

猫背だと物理的に顔が前に出るため、顔が大きく見えてしまいます。さらに骨格のゆがみが頭蓋骨にも影響し、あごの骨や頬骨が前に出てしまうことも。結果、関節の間にも余分な隙間ができてしまうため、さらに顔が大きくみえてしまうのです。猫背は顔のむくみの原因にもなります。すぐ改善して、小顔を手に入れましょう！

このエクササイズで治しましょう

胸のストレッチ その1

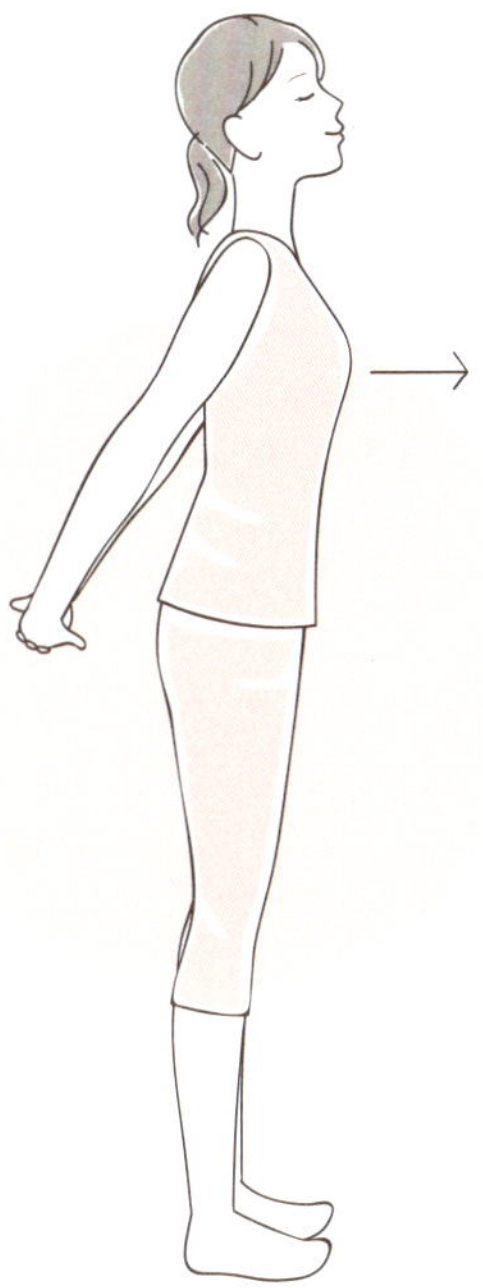

1 まっすぐ立って手を後ろで組む。

2 ひじを伸ばしながら、胸を少し張る。20秒キープ×3セット。

胸のストレッチ その2

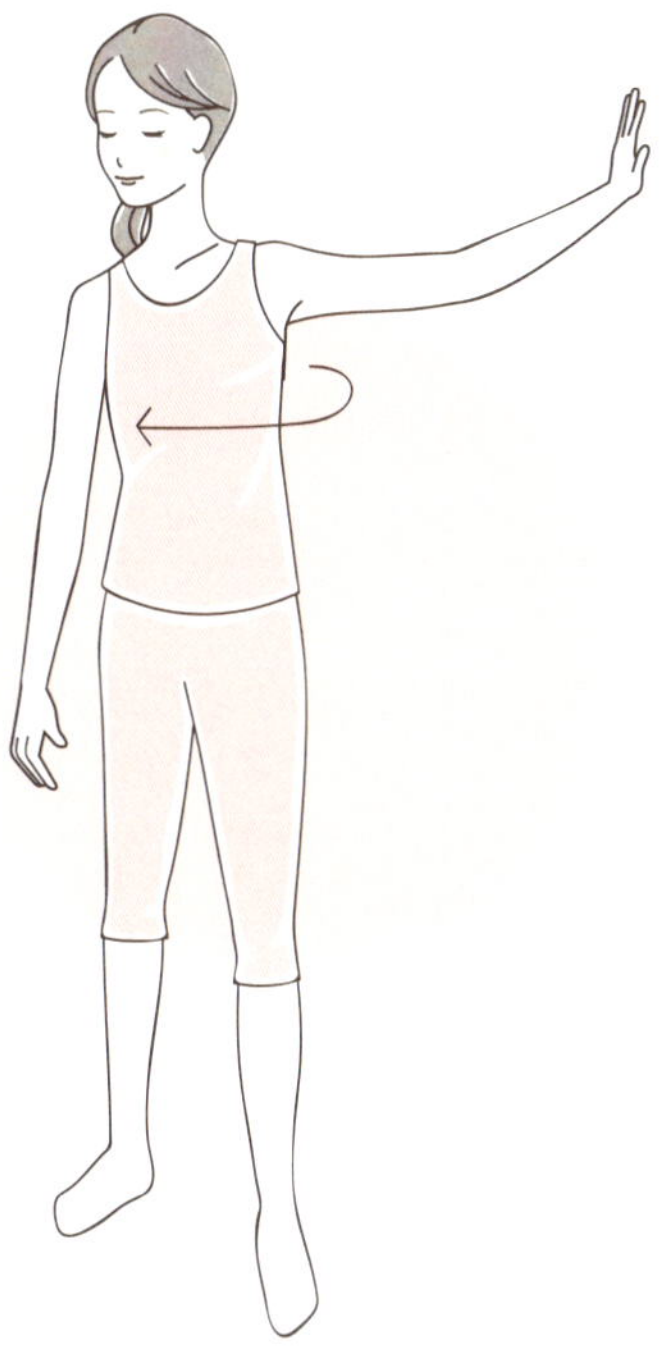

1 壁に手をつく。手のひらは肩より少し上の位置で、腕と肩は水平になるように。

2 手をついている側の足を前に出し、そのまま胸をひねる。肩から先は置いてくるイメージ。のばすのは、手をついている側の胸。20秒キープ×3セット。

アクアマン

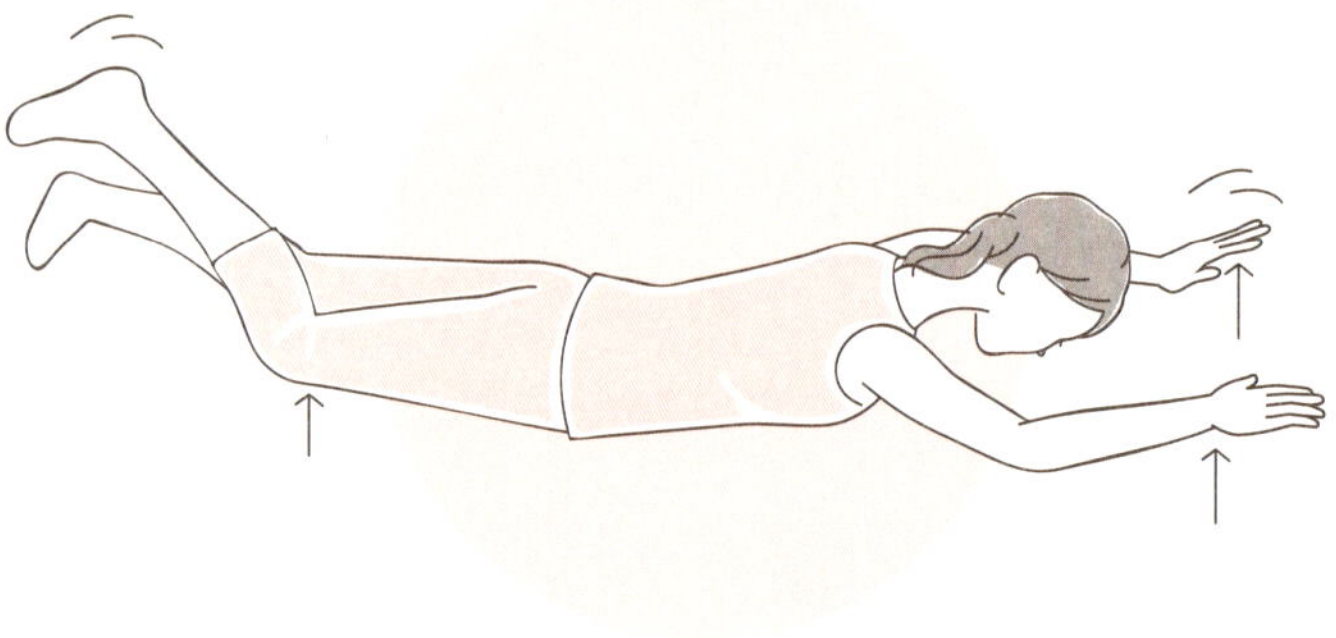

1 腹這いになって両手両脚を浮かせて床から離す。この際、ひじとひざが曲がらないように注意する。

2 手足をバタバタさせる。20秒×朝昼晩の3セット。

タオルラットプルダウン

1 タオルを両手で持って左右に引きながら、頭の後ろに回す。

2 そのまま引っ張りながら、肩甲骨を寄せるイメージでタオルを首まで下げる。15〜20回×朝昼晩の3セット。

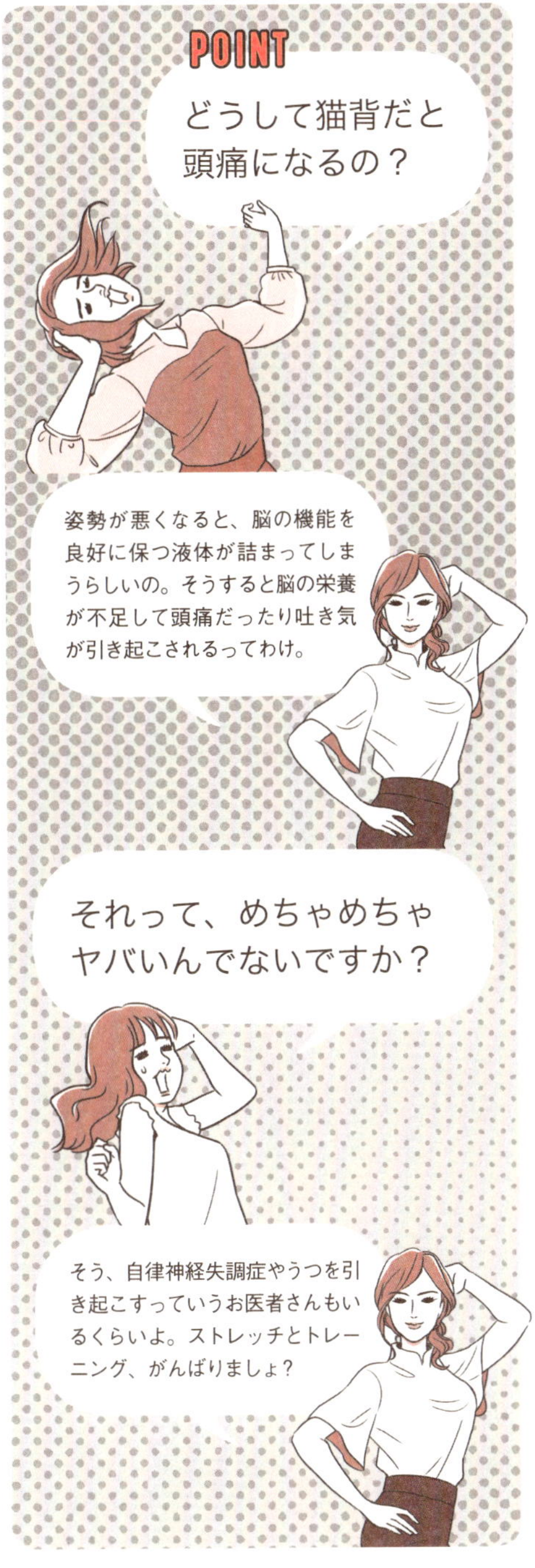
POINT
どうして猫背だと頭痛になるの？

姿勢が悪くなると、脳の機能を良好に保つ液体が詰まってしまうらしいの。そうすると脳の栄養が不足して頭痛だったり吐き気が引き起こされるってわけ。

それって、めちゃめちゃヤバいんでないですか？

そう、自律神経失調症やうつを引き起こすっていうお医者さんもいるくらいよ。ストレッチとトレーニング、がんばりましょ？

背筋のトレーニング

1 手提げバッグなどに雑誌やペットボトルを入れて重くする。それを両手で持ってお尻を後ろに引いて上体を下に倒していく。このとき、必ず背中を丸めずに伸ばしておくこと。

2 胸を張ったまま、まっすぐにバッグを持ち上げて、背筋を伸ばす。20回×3セット。

TROUBLE 06

自分のタレ乳に困惑…

自分のタレ乳に困惑…グループ

既読
15：58
乳首の位置が低い……。

既読
15：58

おっぱい自体を大きくしたり
吊り上げることはできませんが……
15：59

大胸筋を鍛えることで、
リフトアップ効果は
多少期待できるでしょう。
16：00

そう！ それです！！
16：01

猫背が原因の場合もありますよ！
16：02

イケメン
ADVICE

姿勢をよくして大胸筋を鍛えることで 感激のバストアップ美人、確定！

乳房は脂肪なので、それ自体は鍛えることができません。残念なことに、おっぱいを支えるクーパーじん帯が伸びてしまうと、タレ乳に見えてしまいます。けれども大胸筋を鍛えることで、胸に張りが出て上向きに見えるようにはなります。

もうひとつ、タレ乳の大きな原因が姿勢の悪さ。若いのにおっぱいがたれている人は、これの可能性大。本来上向きの胸が、たれて見えてしまっているだけなのです。デスクワークなどで肩が前に入ってしまうのも、胸がたれて見えてしまう一因でしょう。下がってしまっている胸椎を上向きにしてあげるだけで、バストアップされたような実感が味わえます。

そうとわかれば、善は急げ。次のページのエクササイズで大胸筋を鍛えつつ、43ページの猫背改善エクササイズで姿勢も矯正しちゃってください。

【 クーパーじん帯って、何？ 】

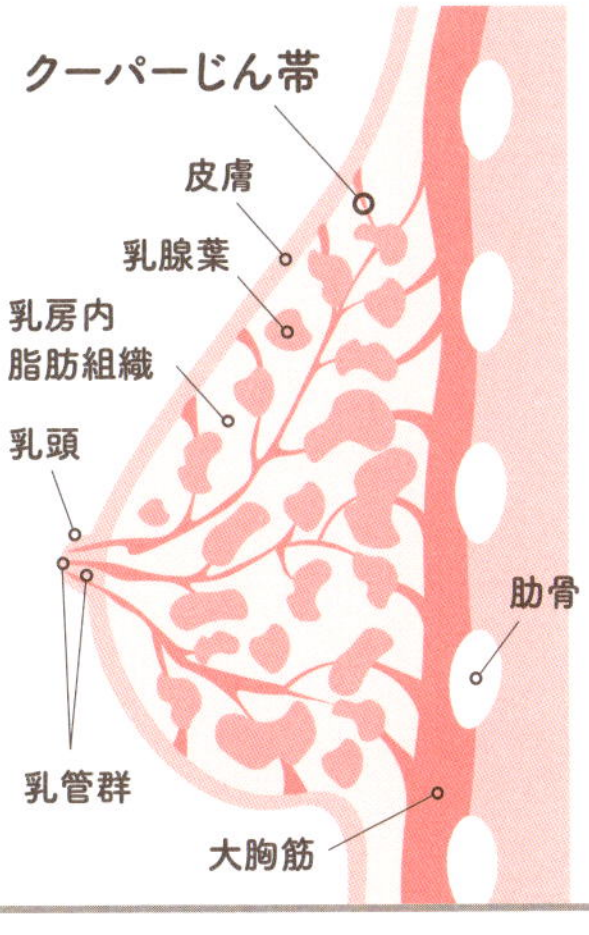
クーパーじん帯
皮膚
乳腺葉
乳房内
脂肪組織
乳頭
乳管群
肋骨
大胸筋

クーパーじん帯は、乳房内で網の目のように広がって、大胸筋と乳腺、脂肪をつなぐ組織です。バストをたれないように支えています。
多少の伸縮性はあるものの、激しい運動などが続くと伸びきったままになってしまい、戻らなくなることも。加齢などによってこのクーパーじん帯が切れてしまうと、豊胸しかバストアップの方法はありません。
激しい運動をする際は、胸が動かないようなウェアを身に着けるなどケアしましょう。

このエクササイズで治しましょう

大胸筋のリフトアップ

1 ひざ丈くらいの高さの棚や机にひざ立ちで手をつく。手は肩幅くらいに広げる。

2 しっかり胸を引きつけるように腕立て伏せ。10回。朝昼晩3セット。

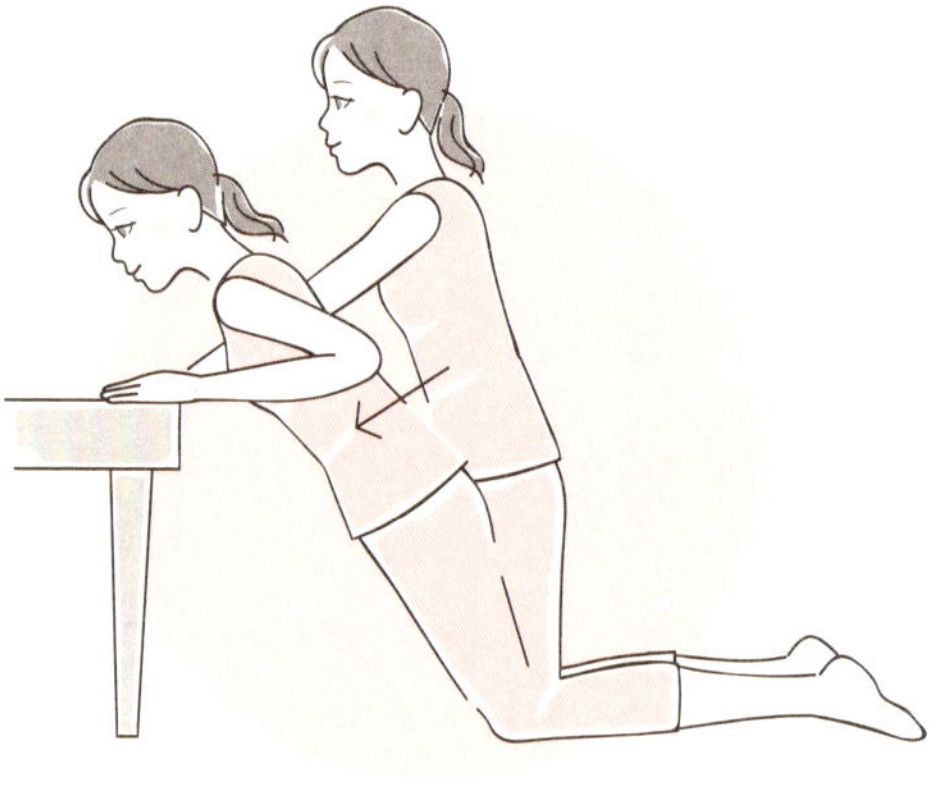

腕立て伏せがキツいときは…

1 立った姿勢のまま、腰ぐらいの高さの手すりや壁などを使って腕立て伏せをする。手は肩幅くらいに広げる。

2 しっかり胸を引きつけるように腕立て伏せ。10回×朝昼晩の3セット。

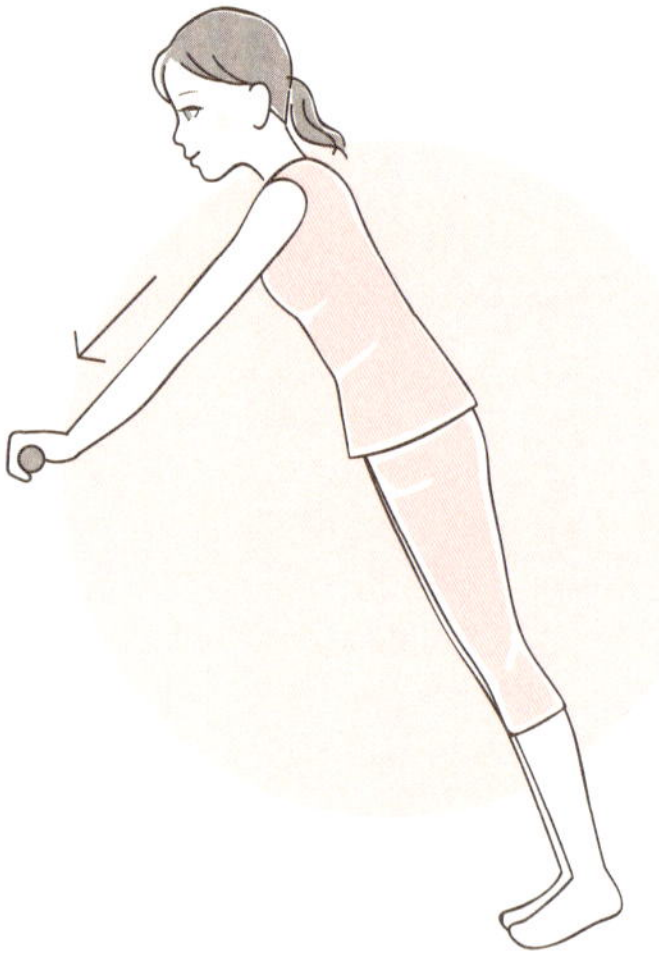

ベンチディップス

1 高低差のあるイスやテーブルの端を両手で後ろ手につかむ。

2 足は前方へ投げ出し、ひざを90度に曲げる。

3 そのまま、床に対して上半身を垂直に落としていく。10回×朝昼晩の3セット。大胸筋への効き目は弱くなるが、振りそで二の腕にも効果あり。

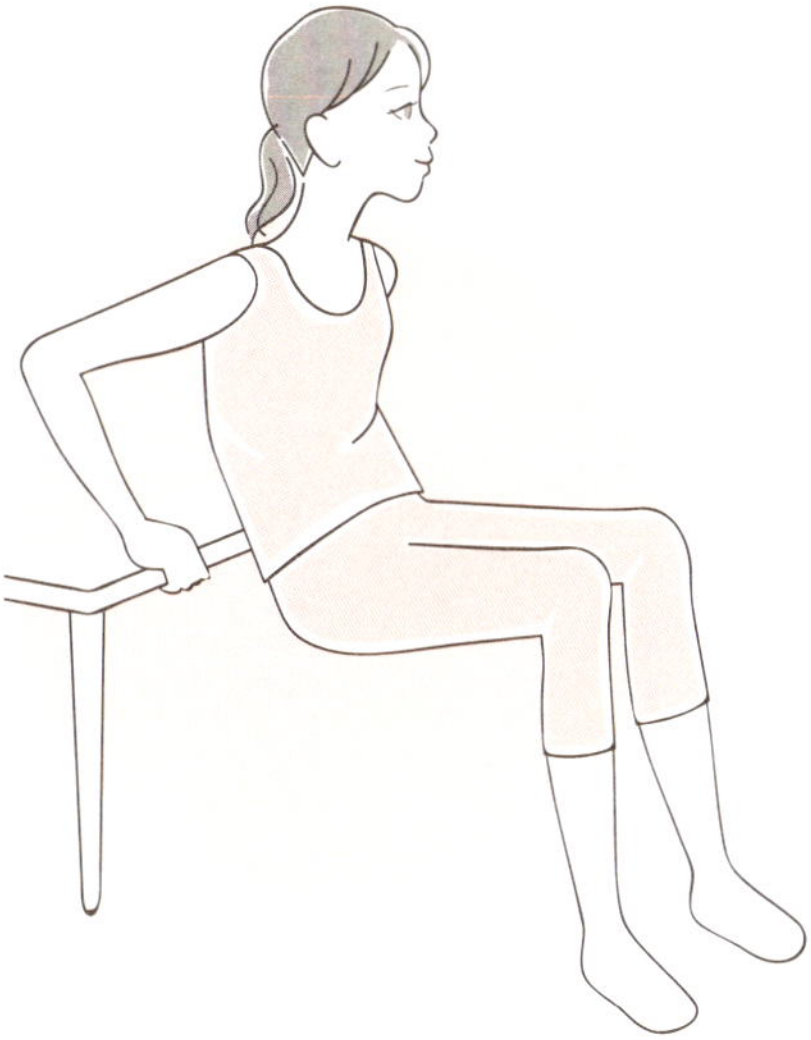

CHECK

もっと初心者向けのラク～なの、ありませんか？

乳首の位置が低い、せっぱつまった人はともかく、簡単な予防なら毎日の合掌ポーズもおすすめです。胸の前で手を合わせ、ひじは肩のラインまで上げて水平に。息を吐きながら15秒程度、手のひらを押し合いましょう。5回×朝昼晩の3セットでOK！

おとなキレイCOLUMN

背中美人のつくり方

一説によると、背中のラインは25歳から「おばさん化」するそうです。
肩甲骨を動かして代謝を上げて、背中ざっくりのドレスが似合うからだに!?
バストアップも期待できる!? しかも3週間で!? そんなうまい話が……
あるんです！ おとなキレイな美背中メイクトレーナーから学びましょう。

背中美人の基本ポーズ

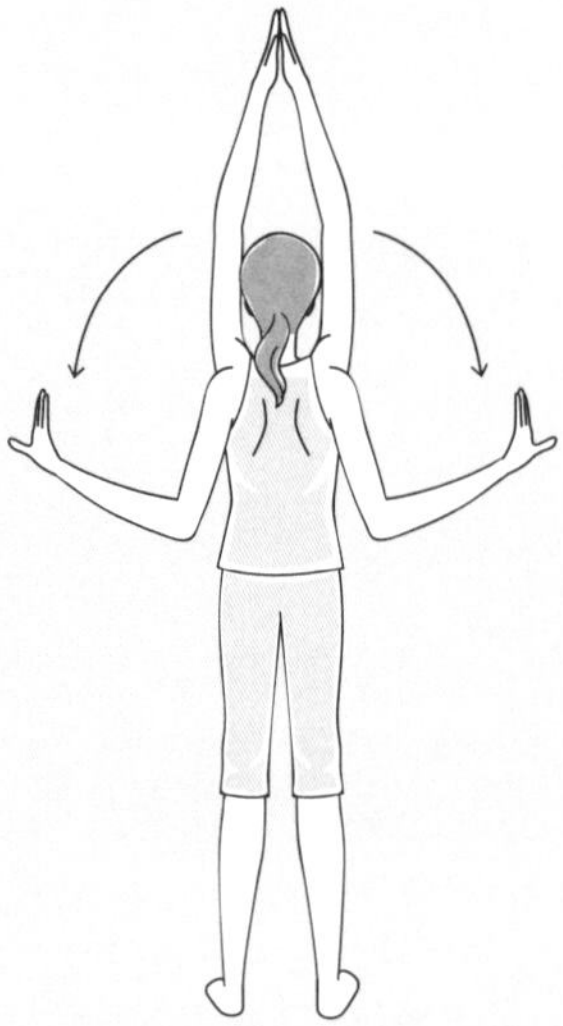

1 両腕を耳につけるような気持ちで上げ、手のひらを合わせて鼻から息を吸う。

2 フーッと息を吐きながら胸を開く。肩甲骨をギュッと内側に寄せるイメージで。

3 手のひらを外側へ向けたまま、両腕が背中より後ろにくるように下げていく。肩甲骨をギューッと寄せ、フーッと息を吐き切る。10回×2セット。

小胸筋ストレッチ

1 右腕を横に広げ、前腕(ひじから先)を壁にピタリとつける。このとき、ひじの角度は90度。

2 左脚を大きく1歩前に出し、そのままひざを曲げる。10秒間フーッと息を吐きながら左右1回ずつ。

3 慣れてきたら、前腕を上に移動させることでさらにストレッチされる。

背中のぜい肉燃焼エクササイズ

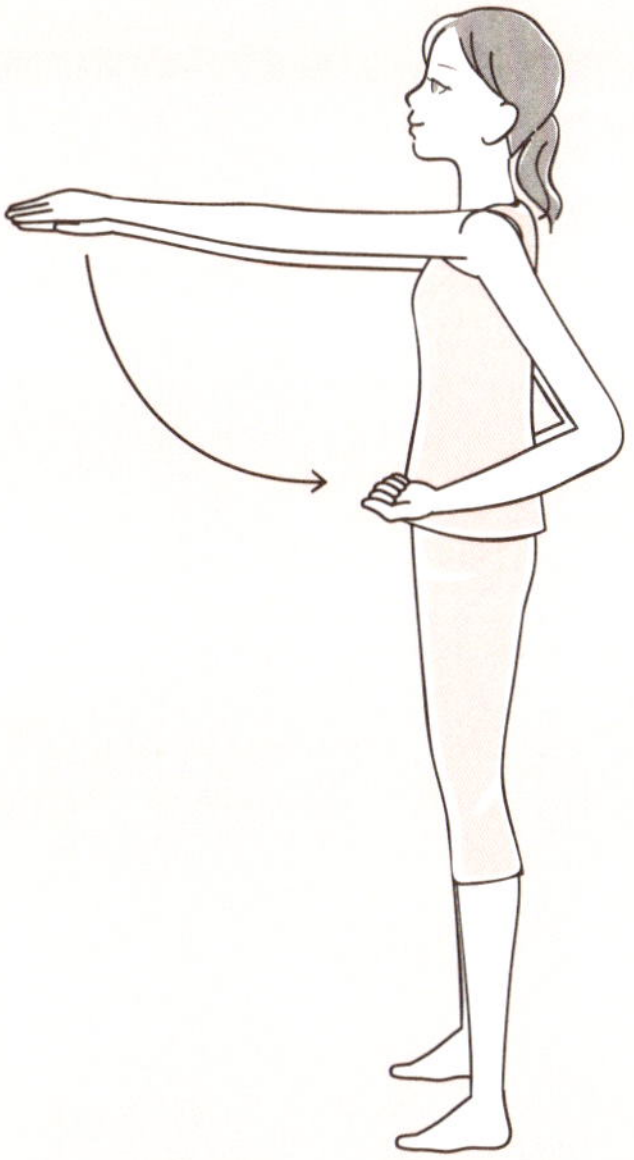

1 鼻から息を吸いながら両手を伸ばし、手のひらを床に向けて指先まで伸ばす。

2 口からフーッと息を吐きながら、こぶしを引き、両ひじを曲げてワキを引き締める。

3 両ひじで背中の肉を寄せるように、握ったままのこぶしを引く。応援団長の「押忍!」のようにググッと気合を入れ、ひじを引ききると同時に息を吐き切る。10回×2セット。

この美人に教わりました

Maikoさん
(Total Body Kスタジオ)

https://school.epark.jp/columns/lesson/backschoen

全国大会優勝経験をもつ美背中メイクトレーナー。

PROFILE

「メリハリボディは、背中から」をコンセプトに普段意識していない肩甲骨を動かす美背中メイクメソッド、および「いつでも、どこでも、簡単に」をコンセプトにエクササイズを考案。理学療法士に対しても指導を行っており、医療現場でもそのエクササイズは応用されている。

POINT

小胸筋って……
なんですか？

大胸筋の下にある、骨により近い部分の筋肉で、肩甲骨と肋骨をつなげています。この筋肉が凝り固まっていると、猫背や肩こり、肩が内側に巻いてしまう原因にもなりかねません。胸を垂れさせない役割もあるので、ぜひケアしておとなキレイを手に入れてくださいね。

TROUBLE 07

からだが硬くて太りやすい

からだが硬くて太りやすいグループ

ベターッと開脚したいの。
とりあえず、お酢は浴びてます！

既読
20：27

既読
20：27

お酢……美容にはいいですね！ 20：28

ストレッチやろうぜ！ 20：28

ストレッチ！ストレッチ!! 20：28

ストレッチでしょうねえ 20：28

そういう方、多いです 20：29

イケメン ADVICE

お酢もいいけど、ストレッチもね♪

お酢には疲労回復、冷え解消、生活習慣病予防、ダイエット効果があります！

体重や脂肪ほどは気にしているわけではないけれど、「治したい」というリクエストが多いという、からだの硬さ。「お酢を飲むと、からだが柔らかくなるらしい」という説に科学的データがないという絶望に襲われて以来、その欲求は高まる一方です。

確かに、からだが硬いと関節の可動域が制限されてしまって動きにくいため、太りやすいのは事実。お尻が硬いと腰痛行きの片道切符だし、さらに太もも裏まで硬ければ猫背ほぼ確定。ふくらはぎが硬いと代謝が落ち、冷えやむくみの原因にも……と、ここまで聞いたからには、お酢を飲んでいる場合じゃありません。

トレーナーの皆さんが推奨するストレッチ、さっそく毎日やりましょう！

お酢につぎ込んだお金は
戻ってこない……
でも、ノーストレス！
だってストレス緩和の効果が
あるから…………
あるから………………！

このエクササイズで治しましょう

太もも裏のストレッチ

1 ひざをのばして座る。

2 腰をまっすぐ伸ばし、胸を張りながら前屈。

3 あまり前屈できなくてもOK。腰を丸めるとつま先まで手が届くが、それでは太もも裏が十分に伸びない。20秒キープ。

アキレス腱のばし

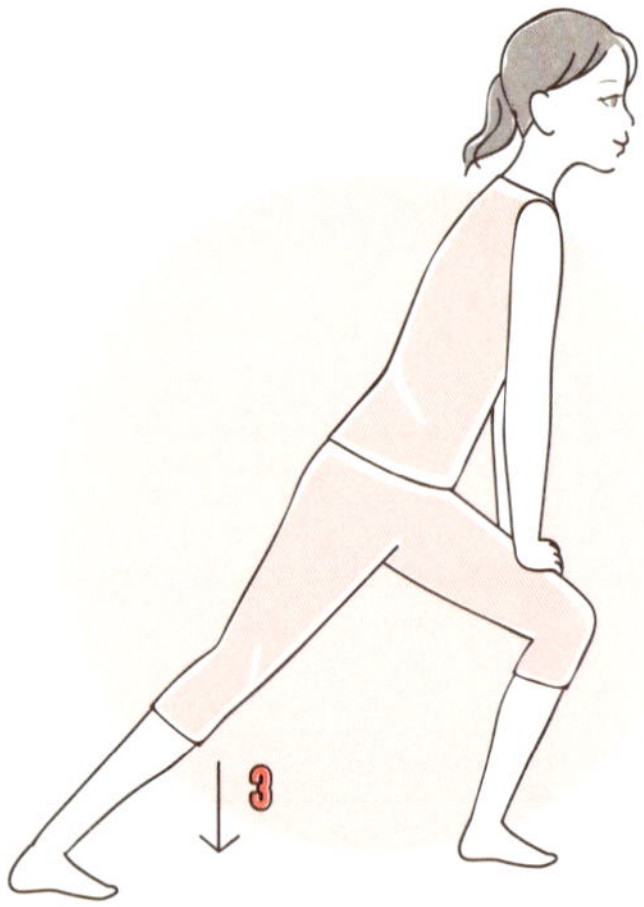

1 ひざを伸ばしたまま両足を前後に開く。その際、かかとは浮かさない。

2 そのまま身体を前傾させる。このときも、かかとは浮かさない。ちょっと痛いくらいのまま20秒キープ。ふくらはぎにある腓腹筋が伸びる。

3 後ろ足のひざを曲げて行うと、ふくらはぎにあるヒラメ筋のストレッチにも。

POINT
そもそも、どうしてお酢でからだが柔らかくなるって言われ出したんですか!?

完全に守備範囲外ですが……お酢(マリネ液)に肉を漬け込むと柔らかくなりますよね？ おそらくそこから転じたのではないかと言われています。

一晩ほど漬け込まれたら効果あるんじゃないですかね？

………。

ふくらはぎのストレッチ

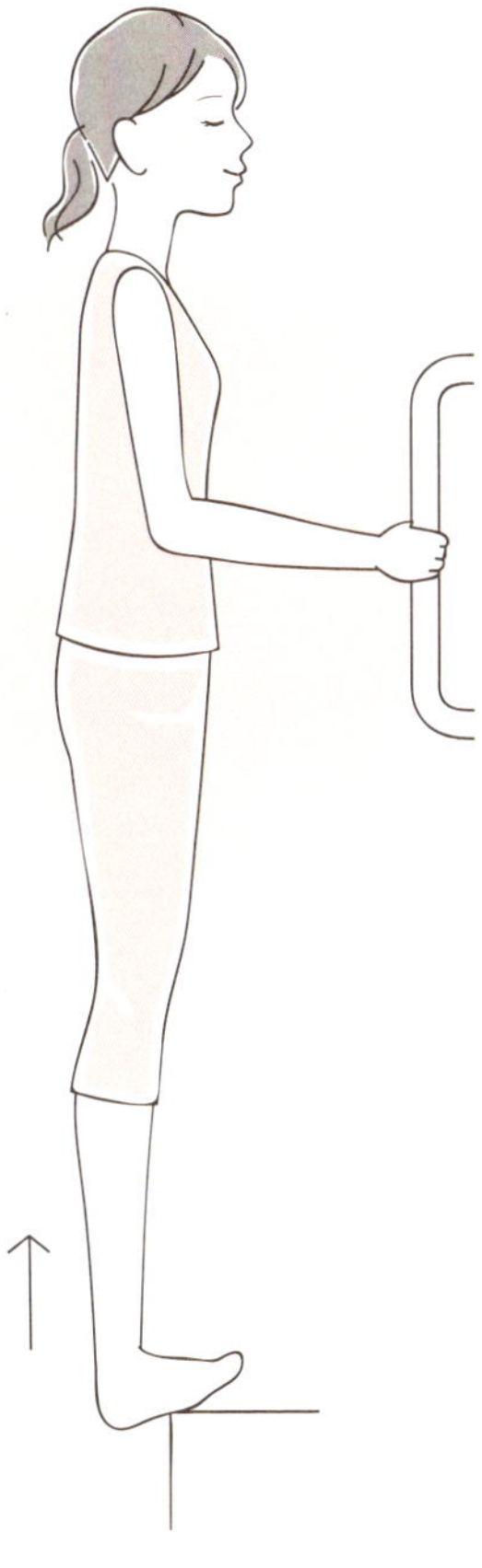

1 階段などの段差につま先を乗せ、ひざを伸ばした状態でかかとを下げる。

2 20秒キープ。負荷の調整と安全のために、何かつかまるものがある場所で行うこと。

TROUBLE 08

反り腰《出っ尻》と言われ動揺を隠せない

＜ 反り腰と言われ動揺を隠せないグループ ∨

既読 14：42
大至急、治したいです！

既読 20：38

以前にお教えした
プリエ（屈伸運動）がいいですね
14：43

継続的なトレーニングを！
14：44

基本、かたい部位は伸ばす。
弱い部位は鍛える、です。
14：45

既読 14：46
？？？

背中のストレッチと
おなかの筋トレですね！
14：48

たかが「出っ尻」と甘くみていると三重苦、四重苦ブスにまっしぐら!?

20～30代の女性に多い反り腰は、文字通り腰が反ってお尻が突き出た状態（出っ尻）を指します。見た目は好き好きかもしれませんが、反り腰のデメリットを知れば、そんな呑気なことも言っていられないはずです。下半身デブ、腰痛、猫背、肩こり、ぽっこりおなかetc.——女子のありとあらゆる悩みの根源といっても過言ではないほど、反り腰のBADな影響はおっかないのです。

原因となるのは、腰まわりの筋肉バランスの乱れ。弱った筋肉を鍛えて、緊張した筋肉をほぐすことで改善しましょう。そう、腹筋を鍛え、背筋をほぐすのです。バレエのプリエ（P37参照）も効果的でしょう。

もちろん筋肉バランスがポイントなので、全身のトレーニングを継続的に行うことでも治ります。

【 反り腰の ざっくり 判定基準 】

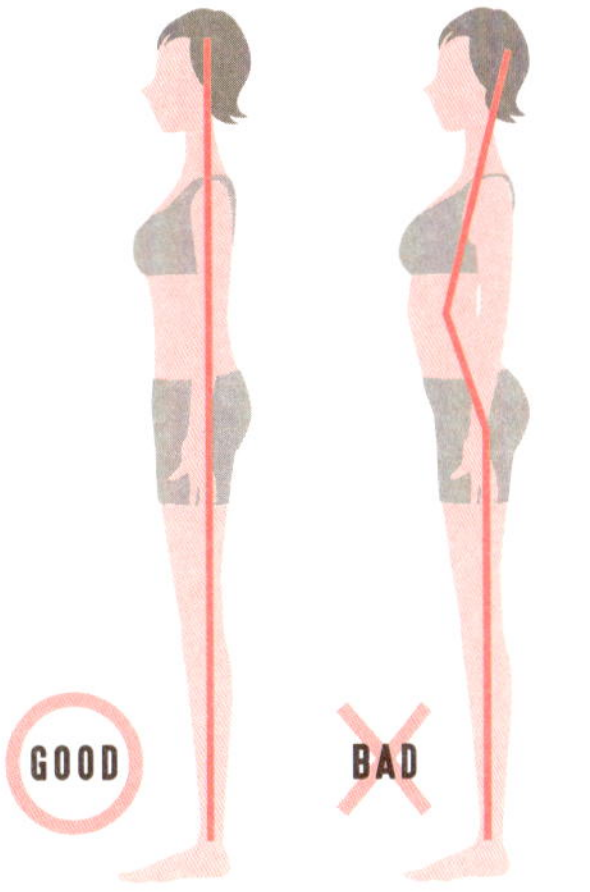

自分ではまっすぐ立っているつもりでも、横から見るとひざや胸の位置がずれていたり、猫背や反り腰になってしまっていることは珍しくありません。というわけで、ここではひとりでできる簡単な判別法をご紹介。壁に背をつけた際、お尻が先に壁にあたるようなら反り腰、逆に背中が先につくようなら猫背、だいたい同時なら正常。反り腰で猫背、という人もいるので、あくまで目安としてやってみてください。

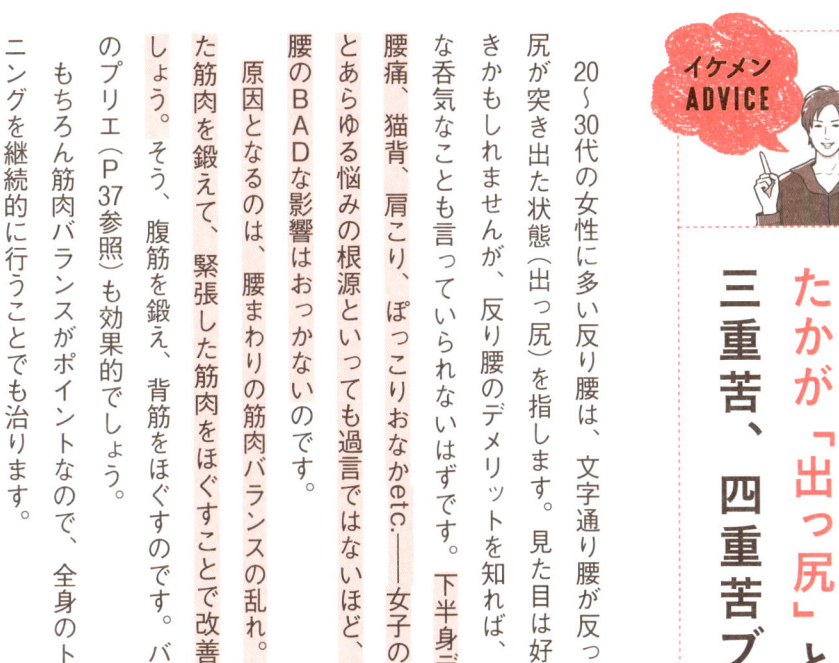

このエクササイズで治しましょう

背筋ストレッチ

1 ひざを立てて座り、両腕でももを抱える。

2 ひざの間に顔を埋め、腰を丸めて背筋を伸ばす。20秒キープ。

背筋ストレッチ その②

1 仰向けになり、両肩を床につけたまま片脚を曲げて反対の足側に倒して背中を片側ずつ伸ばす。

2 肩を浮かさないのがマスト。曲げたひざは床につかなくてもよい(というより、つけられない)。左右20秒ずつキープ。

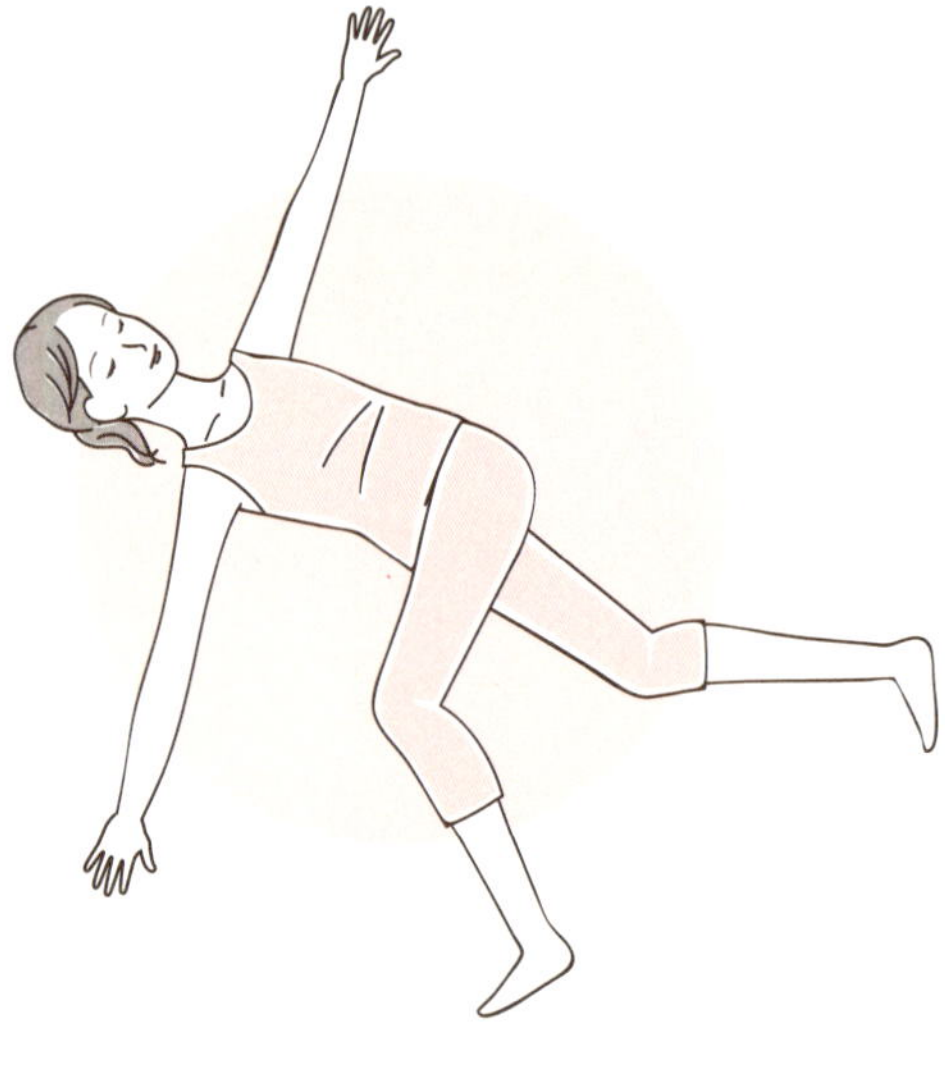

腹トレ

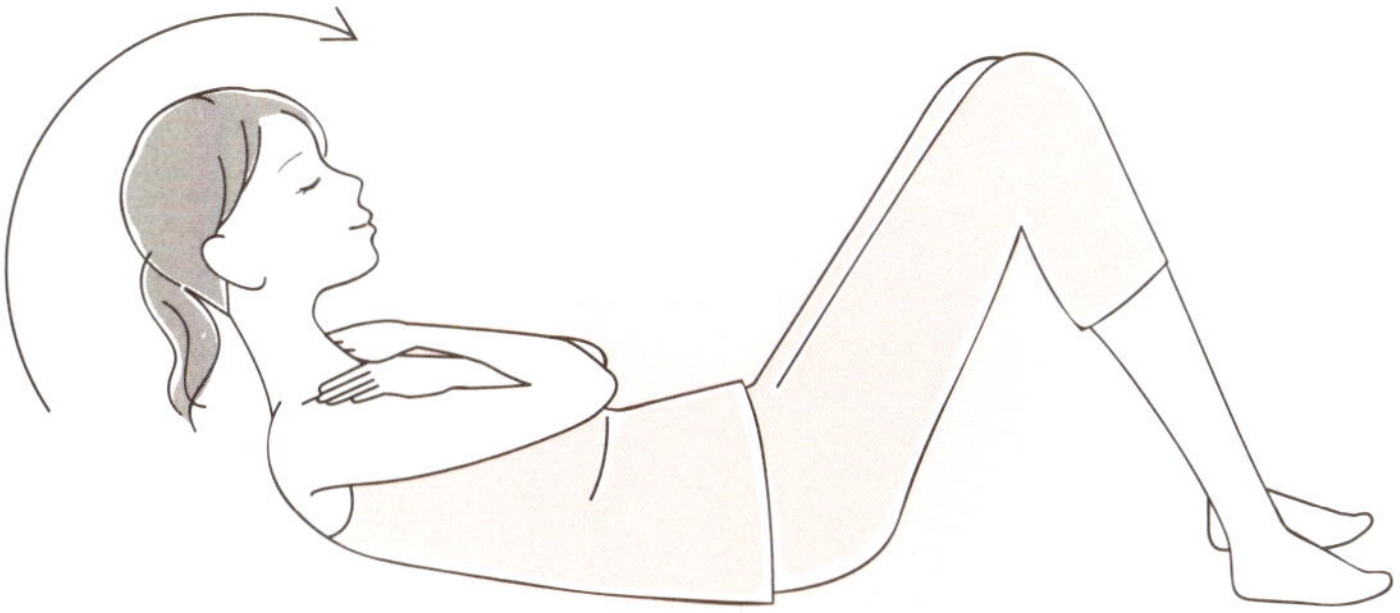

1 ひざを立てた状態で仰向けになり、手を胸の前でクロスする。

2 背骨1個1個を頭の側から順に浮かせていく。10～15回×朝昼晩の3セット。

POINT

反り腰を悪化させる寝方があるって本当ですか？

誰しも夜中の間に寝返りを何回もするので、神経質になりすぎる必要はありません。とはいえ、うつ伏せと腰にタオルを敷くのは避けたほうが無難。いずれも、背骨が反った状態になってしまうからです。タオルを敷くならひざの下ですが、かかとが浮かないように注意しましょう。

O脚なんて、気・に・し・ないわ♪（ウソ）

O脚なんて、気・に・し・ないわ♪（ウソ）グループ

既読 18：25
ガニマタではないです

既読 18：25

そうですね……
でもO脚だと思います
18：26

既読 18：26
はい。でもガニマタではないです

たぶん、骨盤をゆがませるような
座り方や立ち方を
しているのだと思います
放っておくと下半身デブになりますよ！
18：27

既読 18：28
ふぁっ！ あんまり気にして
なかったんですけど、そうなんですか!?
…でも、ガニマタではないです

イケメンADVICE

からだの片側に重心をかけるのNG! 放っておくと下半身デブ&くびれなし星人に!?

O脚が生まれついてのものでない場合、それは日々の習慣によって骨盤がゆがんでしまったことが原因かもしれません。たとえば、横座りや脚を組んで座ることが多い人は、片側にだけ重心をかけてしまうので、骨盤がゆがみやすいと言えます。また、歩くときに足の指ではなく重心がかかとに偏っていると、足先が自然と外側を向くようになり、結果としてO脚になることも多いようです。

そして、O脚はただ脚の形の問題ではありません。下半身デブになったり、くびれがなくなりやすいのです。腰痛の原因になったりもします。

122ページで紹介している骨盤調整のストレッチのほか、一般的な筋トレを重なることで骨盤の矯正は自然とできます。あとはNG習慣を意識してなくすように心がけましょう。

【 O脚とガニマタの違い 】

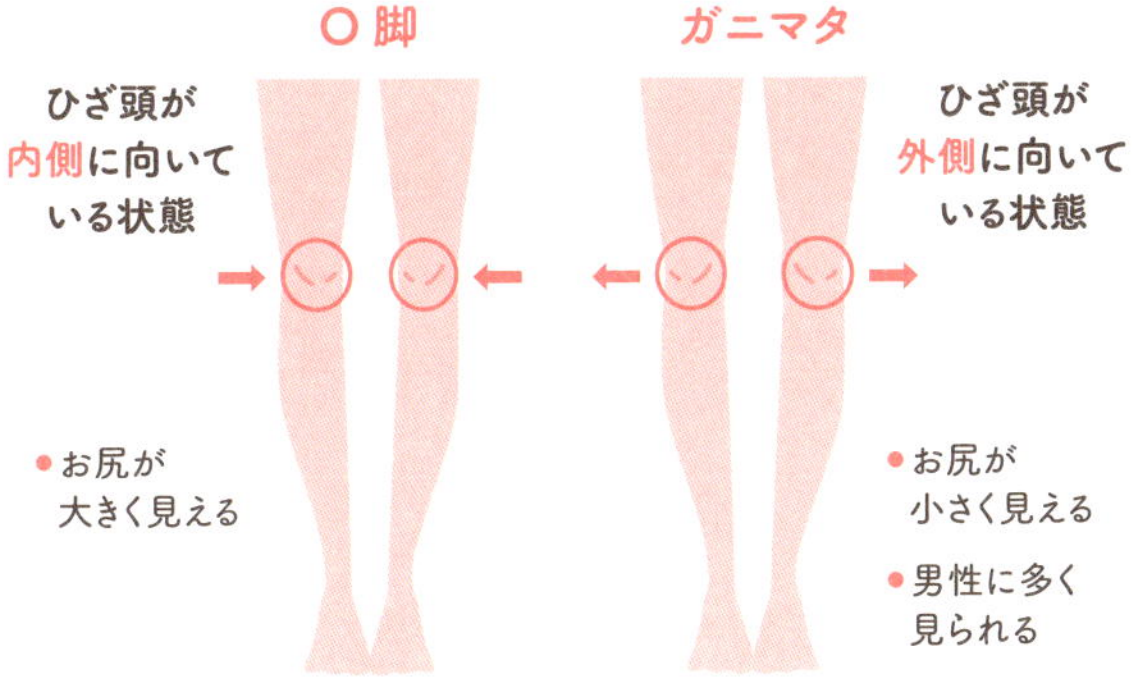
O脚
ひざ頭が内側に向いている状態
お尻が大きく見える
ガニマタ
ひざ頭が外側に向いている状態
お尻が小さく見える
男性に多く見られる

O脚とガニマタの見分け方のポイントは、ひざの向き。O脚は大腿骨が内側にねじれて骨盤が開いた状態で、ガニマタはその逆になります。O脚が先天性でなければ改善は十分可能です。

姿勢美人のかんたん習慣

正しい姿勢をクセづけると、
佇まいが一気に美人さんに！
日頃からの心がけと習慣で、姿勢を直すコツを紹介します。

足組み＆ひじつき厳禁

足を組む、ひじをつくなどが習慣化してしまうと、骨盤が傾く原因に。からだにねじれをつくらないよう心がけて。

バッグは交互に持つ

バッグをいつも同じほうの肩にかけている人は要注意。肩かけバッグは交互に持ち替えるクセをつけて。

PCの高さを上げる

キーボードの位置はそのままで、パソコン画面だけを目線の位置まで上げるだけで、うつむき姿勢の改善に。

背もたれのないイスを使う

おなかに力を入れて背筋をピンと伸ばして座ると、体幹が鍛えられます。背もたれに上半身を預けるのは×。

悪い姿勢グセの原因はからだのゆがみ
全身の不調を引き起こす原因にも

イスに座っているときはつい足を組んでしまう。気づけば頬杖をついている。他人から猫背を指摘される。バッグはいつも同じほうの肩にかける。片足の靴のヒールばかりすぐダメになる……。

どれかひとつでも心当たりがある人は、悪い姿勢グセがすでに身についてしまっている証拠！ 長年の生活習慣によって体が偏った使われ方をしているため、特定の部位が弱り、それを別の筋肉や関節が補おうとするために、ゆがみが生じている可能性大です。

悪い姿勢グセが習慣化してしまうと、腹筋や背筋、お尻の筋肉が弱くなり、骨盤が傾くため、肩こりやむくみ、腰痛、冷え性など全身の不調を引き起こす原因にもなります。右ページで紹介した姿勢美人のかんたん習慣を、日頃から意識して身につけていきましょう。

POINT
それでも悪い姿勢グセがやめられな〜い！
習慣は根性だけでは治せません。PC画面を高くする、背もたれなしのイスに変える、作業中はタイマーをかけるなど、外的要因を変えることで悪いクセを上書きしましょう。

TROUBLE 10

絶望的に脚がむくむ

絶望的に脚がむくむグループ

着圧ストッキングの限界を感じ始めています……

既読
17：02

既読
17：02

足首を動かしましょう！

17：03

塩分を控えよう。
あと正しい運動だね！

17：04

カフェインを摂りすぎない、
タンパク質をしっかり摂る、
あとは野菜・海藻・きのこといった
ミネラルも摂りましょう。
要はバランスのよい食事です！

17：07

イケメン ADVICE

可及的すみやかに減塩＆水分補給！ するやいなや足首ストレッチ!!

むくみには塩分を控えるのが効果的です。目標は1日10グラム以下。特に女性は、塩分の濃いものを食べていると代謝が下がってむくみやすくなります。さらに水分を十分に摂れていないようなら鬼に金棒、塩分過多に水分不足。「むくむべくして、むくんでいる」と言えるでしょう。

というわけで、まずは食生活の改善が第一。減塩生活でむくみ知らず人生の第一歩を踏み出しましょう。

エクササイズは足首を重点的に。ひざから下がむくんで太くなるのは、足首を動かせていないのも原因。足首を動かすと、下半身の血液や水分、老廃物が循環されるようになります。ふくらはぎがポンプの役割を果たしてくれるのです。

そもそも太い場合は、太もものストレッチ＋お尻の筋トレが効果的。急いで72ページへGO！

CHECK

塩分も摂りすぎると
太っちゃうって本当？

塩分を摂取しすぎると太りやすくなるのは事実です。まず、塩辛いものはごはんと相性抜群。単純に食べ過ぎてしまいがち。さらにからだが水分を溜め込んでむくむため、代謝が悪くなって脂肪を燃焼しづらいからだに…。そして便秘になりがちなので、もっと代謝が悪くなり、脂肪を溜め込むことにつながるのです。合言葉は減塩！ ということですね。

このエクササイズで治しましょう

足首のストレッチ その①

1 片足を伸ばして座る。

2 つま先を手前に引っぱり、かかとから足の裏側を40秒間伸ばす。

3 逆の足も同様に伸ばす。

【 顔のむくみともサヨウナラ 】

体内の水分も塩分も重力のなすがまま、下へ下へと向かうもの。脚がむくむのはそのためです。じゃあ顔は？　というと、寝ている間にむくんで翌朝びっくり！　というのが定番パターン。そのおもな原因は血行不良や運動不足、寝不足、ストレスなどをぶっちぎって、昨晩のアルコールという例がほとんど。おつまみの塩分濃度も侮れません。飲みすぎ注意もさることながら、酔いを醒ましてから寝るだけでも、むくみ予防になります。習慣にしましょう、そうしましょう。

それでも、むくんでしまったら…

コップ一杯の白湯を飲む

ホットタオルで顔を温める

朝イチでむくみを確認したら、上記２点を即、実行！　これだけでも、だいぶ違って見えるはずです。

足首のストレッチ その②

1 仰向けに寝て片足を上げる。

2 足首をぐるぐると回す。40秒間。

3 逆の足も同様にする。

POINT

けっこうあっさり解決！深刻に考えなくてよかった？

むくみを放置すると、老廃物や脂肪が水分と合体。太ももの裏にセルライトがボコボコとできてしまいます。そうなってしまったら、元に戻すのは大変です。正しい食事やストレッチはもちろん、トレーニングも自分に合ったペースで行いましょう。

病院へ行こう——

それ、ただのむくみじゃありません！

「あたしむくみやすいから〜」の一言で
片付けるのはキケン！
もしかしたら病気が原因で引き起こされたむくみの可能性もあります。

キケンなむくみの見分け方

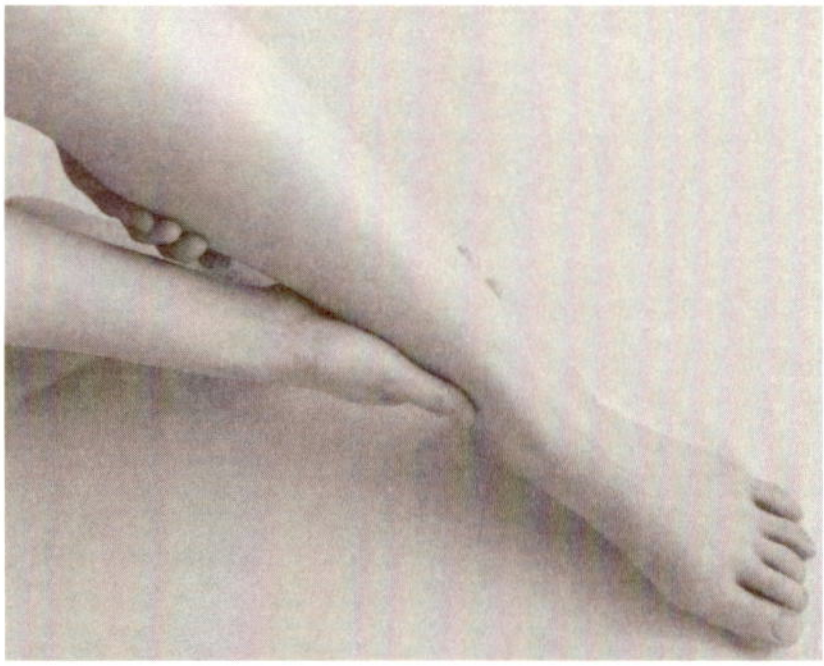

病的なむくみはこう見分ける！

脚は最もむくみが表れやすい部位。普通にむくんでいる状態だと、外からの圧力が加わっても、細胞間にあふれている体液がすぐに血管に戻るので、へこみもすぐに消えてしまいます。もし、手を放してから10秒経ってもへこみが消えない場合は、病的なむくみの可能性があるので必ず病院へ！

局所性浮腫

脚などの体の一部だけに、左右非対称にむくみが出る場合。静脈やリンパの流れが妨げられ、感染症やアレルギーによって体の一部に炎症が起きている可能性が考えられます。両脚がむくんでいるが左右で太さが異なる、左右の太さが2cm以上違っているなどの場合は、すぐに病院へ。

病気

深部静脈血栓症
下肢静脈瘤
リンパ性浮腫

全身性浮腫

全身または脚が左右対称にむくみが出る場合。心臓・肝臓の機能が低下して体内に水やナトリウムがたまっている、腎臓の機能が低下して体内の水分バランスがうまく調整できなくなっているなどの原因が考えられます。また、内臓疾患によって体液の総量が増えている可能性もあります。

病気

心臓……心筋症、心筋梗塞
肝臓……肝硬変、アルコール性肝炎
腎臓……腎不全、急性腎炎

「むくみ」は体質じゃない！不健康&病気のサインかも

厳しいことを言うようですが、そもそもスタイル抜群な人、文句なしに健康体な人は、日常的にむくみません。

左右で極端に違うむくみ、体の一部にだけ現れるむくみ、押した指のあとがなかなか消えないむくみなどは、もはや「病的なむくみ」の域。何らかの病気のサインであると考えるべきでしょう。

たとえば、片脚だけが突然むくみ、両脚の差が1センチ以上ある場合は、静脈に血のかたまりができる「深部静脈血栓症」という病気を発症しているのかも。ほかにも、脚の血管がコブ状にボコボコ浮き出る「下肢静脈瘤」、手足・顔・おなかが長期間にわたってむくみ、朝から夜にかけて体重が1.5キロ以上増える場合は「特発性浮腫」などの病気の可能性も大。心当たりがある人は、「キケンなむくみの見分け方」を今すぐチェックしてみてください。

POINT

むくみと脂肪、どう見分ければいい？

「朝と比べると急に太くなった」場合はむくみ、「長い時間をかけて太くなった」のは脂肪。常態化したむくみが急に脂肪になるわけじゃないから対策を間違えないこと！

TROUBLE 11

そもそもからして脚が太い

そもそもからして脚が太いグループ

既読 12：28　ありのままの私が一番！

いいわ！
もう一生
この足と生きるわ！
できるもんなら
なんとかしたい
けどね!?
ドオーーン

既読 12：28

もったいない…
正しいトレーニングをすれば
もっと魅力的になれるのに……。
12：29

既読 12：29　えっ!?

筋トレでお尻を上げて細くしたい太ももは
ストレッチが効果的ですが…
もったいないなあ……。
でも、ありのままが一番ですしね！
12：30

既読 12：31
すいません、ウソついてました…
自分にウソをついてました……
私、今日から生まれ変わります！

イケメンADVICE

太ももストレッチからの尻トレで 太めの脚もバランスSUPER VERY GOOD!

脚が太い女子がミニスカートやショートパンツをはくと、かなりインパクトがあります。男子はむしろ目のやり場に困ります。見たくないのに見てしまうという、怖いもの見たさ的な魅力に抗えないからです。ですから、「ちょっと〜、いやらしい目で見てたでしょ〜?」などと言ってはいけません。マジでウザがられる可能性は２００％超えです。

「そうは言っても、ミニスカートはきたい……」

そんな乙女心を救うのが、太ももストレッチ。お尻の筋トレと合わせれば、わりかし早めに夢がかなうことウケアイです。そもそも脚が太いのは、何をするにも太ももの筋肉とひざの関節を使ってしまっているからです。お尻の筋肉も使ってあげれば、脚についた余計な筋肉がバランスよくサイズダウン。ヒップアップ効果も期待できて一石二鳥というわけです。

CHECK

尻トレからのストレッチじゃダメなんですか？

はい。必ず太もものストレッチを行ってから尻トレをしてください。ストレッチで筋肉や関節の可動域を広げ、より筋トレの効果を高めるためです。ケガの防止にもなりますから、ぜひこの順番でお願いします！

このエクササイズで治しましょう

太もものストレッチ その①

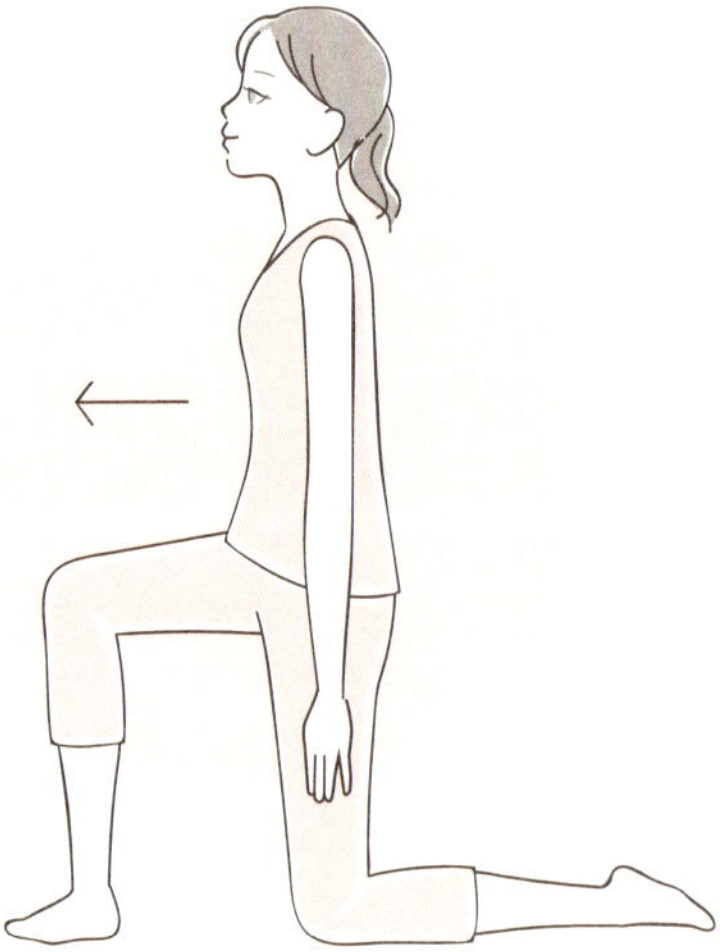

1 片ひざ立ちになり、お尻にギュッと力を入れて骨盤がまっすぐになるよう意識する。

2 体を前方に少し出すイメージで、ひざが床についている脚の前方（股関節の付け根から太ももにかけて）をじんわり40秒伸ばす。逆の足も同様に40秒伸ばす。

太もものストレッチ その②

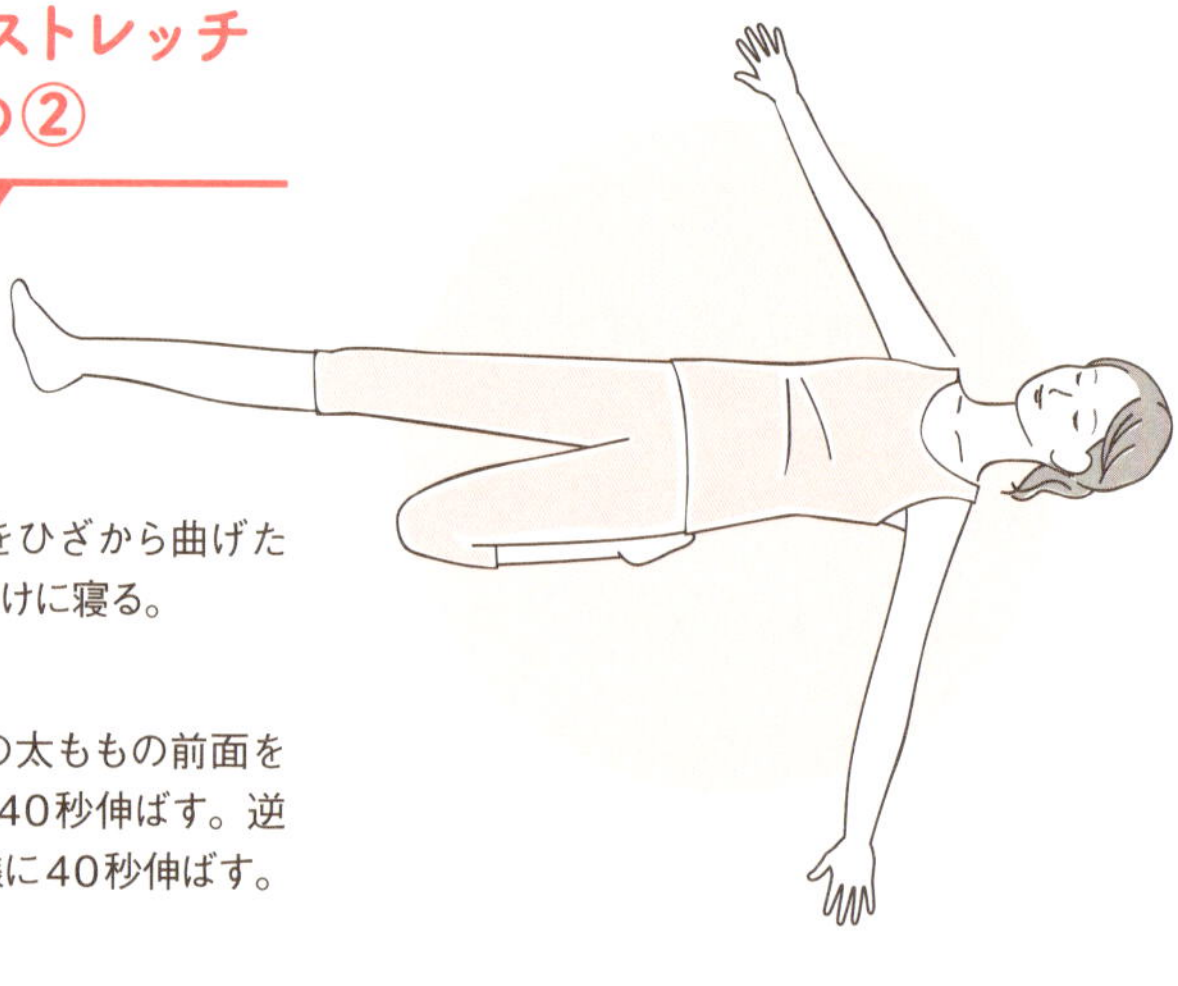

1 片方の足をひざから曲げたまま、仰向けに寝る。

2 曲げた足の太ももの前面をしっかりと40秒伸ばす。逆の足も同様に40秒伸ばす。

ブルガリアン・スクワット

1 棚や段差に片方の脚をかけ、力を抜いてもう一方の脚一本でからだを支える。

2 お尻を意識しながら、そのまま太ももが床と平行になるまで腰を落とす。左右各10回×朝昼晩の３セット。

POINT
もっと「ながら」でできる作戦、ありません？
ハイヒールを履いてスカートで街歩きするだけでも、脚をキュッとさせる効果が期待できます。もちろん、バレエの歩き方（P 38参照）で。「脚に頼らない歩き方」がポイント。太くなるのは、脚に頼りすぎているからなのです。

TROUBLE 12

たれた尻に絶望しかない

たれた尻に絶望しかないグループ

既読 9:51 脚の付け根が見当たりません……

既読 9:51

脚肪を落としながら尻トレしましょう！
ヒップアップをお約束します！！ 9:52

正しい姿勢で歩けば
自然にヒップアップしますよ 9:53

お尻と太もも裏の筋トレで
効果的に改善できるんですが…
まずはお尻の筋肉を意識することから。
話はそれからです！ 9:55

既読 9:55 お手数をおかけします！

イケメン
ADVICE

エクササイズと下着の見直しで理想の桃尻&脚の付け根、ゲットだぜ！

お尻が1センチ下がると、脚は3センチ短く見えるそうです。計算は合いませんが、そう見えるのだから仕方がありません。

ともあれ、お尻がたれてしまう原因は大きく3つ。

1つ目は、お尻全体でイスに座ること。骨盤がゆがむため、お尻が伸ばされて緩んでしまいます。デスクワークで座りっぱなしだと、なおさらです。

2つ目は、下着のサイズが合っていない、というもの。サイズの小さなショーツをはくと、脂肪が外に流れてしまいます。

最後の1つは、おなじみ運動不足。ただでさえ脂肪の多いお尻は、筋力の低下に敏感です。

例によって次のページでエクササイズをご紹介していますが、骨盤矯正プログラムは122ページでも取り上げていますから、気になる方はあわせて行ってみることをおすすめします。

CHECK
歩くだけでヒップアップってどういうことですか？
正しい姿勢で歩く（P38参照）ためには、脚ではなくお尻の筋肉を使う必要があります。もちろん歩く時間が短ければ効果は望めませんが、意識して歩くことで骨盤のゆがみも矯正されるでしょう。

このエクササイズで治しましょう

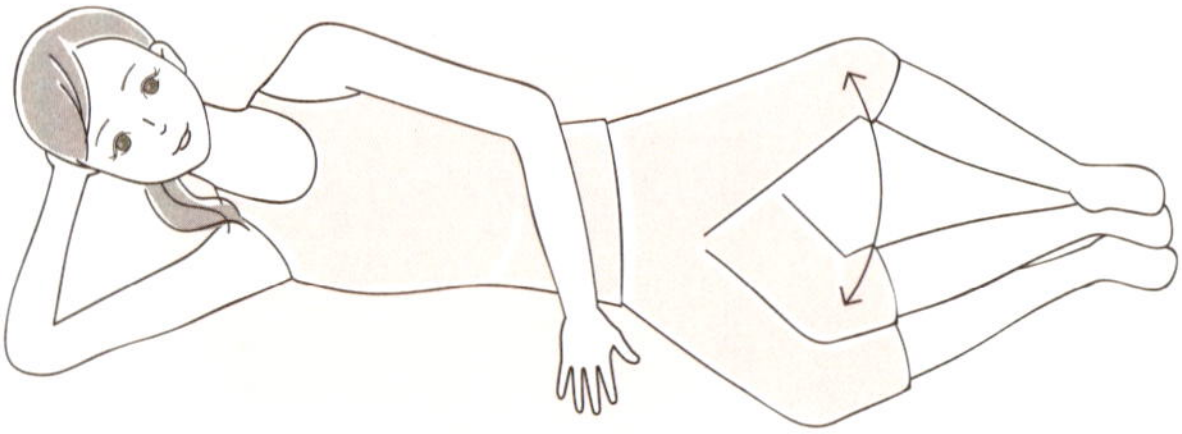

クラムシェル

1 横向きに寝て、両脚のひざを合わせる。

2 上側の足が床に対して45°になるまでひざを開く。足の力ではなく、お尻の力だけで足を開くことを意識する。

3 「1」と「2」を20～30回繰り返す。逆の足も同様に20～30回。朝昼晩の3セット。

ヒップリフト その①

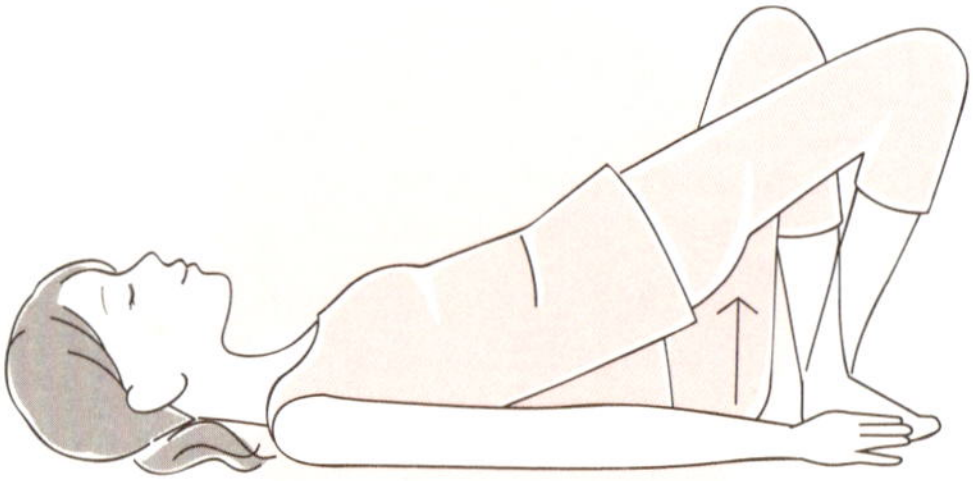

1 仰向けになり、足がお尻の近くにくるようにひざを立てる。脚は骨盤の幅と同じくらいに開く。

2 手は楽な位置に置き、息を吐きながら体幹（みぞおち～ひざ）がまっすぐになるようにお尻を上げる。腰を痛めないように、腰を反らさないように腹筋を使う。

3 床につかないようにお尻を下げる。15～20回×3セット。小指が床につくように足裏を合わせ、ひざを外に向けながら行うとより効果的。

ヒップリフト その②

1 仰向けになり、足がお尻の近くにくるようにひざを立て、片脚を伸ばす。脚は骨盤の幅と同じくらいに開く。

2 手は楽な位置に置き、息を吐きながら体幹（みぞおち〜ひざ）がまっすぐになるようにお尻を上げる。腰を痛めないために、腰が反らないように腹筋を使う。

3 床につかないようにお尻を下げる。お尻と床の隙間は紙一枚くらいのイメージで。左右10回ずつ×3セット。

POINT

ヒップリフトのときに意識したほうがいい筋肉はどこ？

ヒップリフトは、腰ではなくお尻と太もも裏の筋肉を使うトレーニング。特にお尻の筋肉を意識できない状態で行うと、太ももだけが鍛えられて脚が太くなってしまうことも。クラムシェルでお尻の筋肉を意識できるようになってから行うとよいでしょう。

TROUBLE 13

肌荒れが止まらない

肌荒れが止まらないグループ

それ以外もいろいろ
大変なことになってるんですが……
まずは肌荒れ、治したい！

既読
10：38

既読
10：38

正しい運動と食事！

10：39

青木はん……
それ、聞き飽きましたわ…

既読
10：39

極端でハードなダイエットは
肌がぼろぼろになったり
髪の毛が抜けたりするもとですよ！

10：40

バレエをやると若く見られますよ。
90分×週2回！

10：41

イケメン
ADVICE

目先の体重ばかりを気にして無理なダイエットしてませんか？

無理な食事制限からの肌荒れは、なるべくしてなる典型的な例だと言えるでしょう。

たとえば脂の摂り過ぎは、脂分が代謝できずにニキビなどになってしまう反面、摂らなさすぎると肌がカサカサになってしまいます。食事のかさを減らしたことによる便秘がもたらす肌荒れもあるでしょう。

また、摂取カロリーやタンパク質が少ないと、からだは足りない分を肌や髪から調達します。結果、肌荒れになることもあるでしょう。もしもダイエットが苦痛だとしたら、ストレスも肌荒れの原因になります。

肌荒れのケアには、三大栄養素以外にビタミン・ミネラルと水を十分に摂りましょう。極端なダイエットではなく、「一生続けられるダイエット」を意識してください。

POINT
バランスのよい食事の目安とかってあります？
基本的には、消費カロリーより摂取カロリーが下回るのが大原則。低糖質でタンパク質をしっかり摂るとよいでしょう。大切なのは、急激にやらないこと。反発が大きく、リバウンド太りの原因になります。無理せず継続できるペースを心がけましょう。

笑顔美人をつくる顔ストレッチ

顔の印象を決めるのは、肌だけではありません。
ぱっちり目、エビちゃん口角、素敵な笑顔——
顔ストレッチで手に入れられる三種の神器、
さっそくゲットしちゃいましょう。

ぱっちり目ストレッチ

1 眉毛を上げて目を見開いて５秒間キープ。

2 眉毛を上げたまま目を閉じて５秒間キープ。その後、ゆっくりと眉を下げる。

3 眼球をイラストのようにゆっくり上→左→下→右の順にまわし、そのまま逆まわりも。その際、首は動かさない。

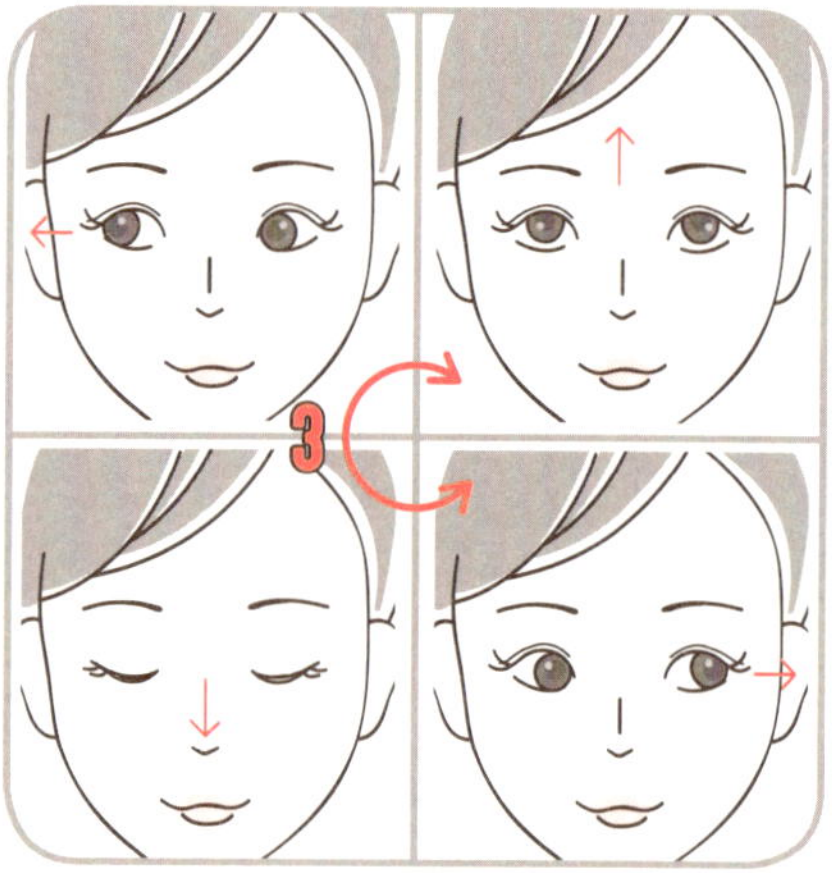

エビちゃん口角ストレッチ

1 「うー」と言いながら口を目いっぱいすぼめて５秒間キープ。

2 口を閉じて「んー」と言いながら口角を目いっぱい横に引き伸ばす。５秒間キープ。

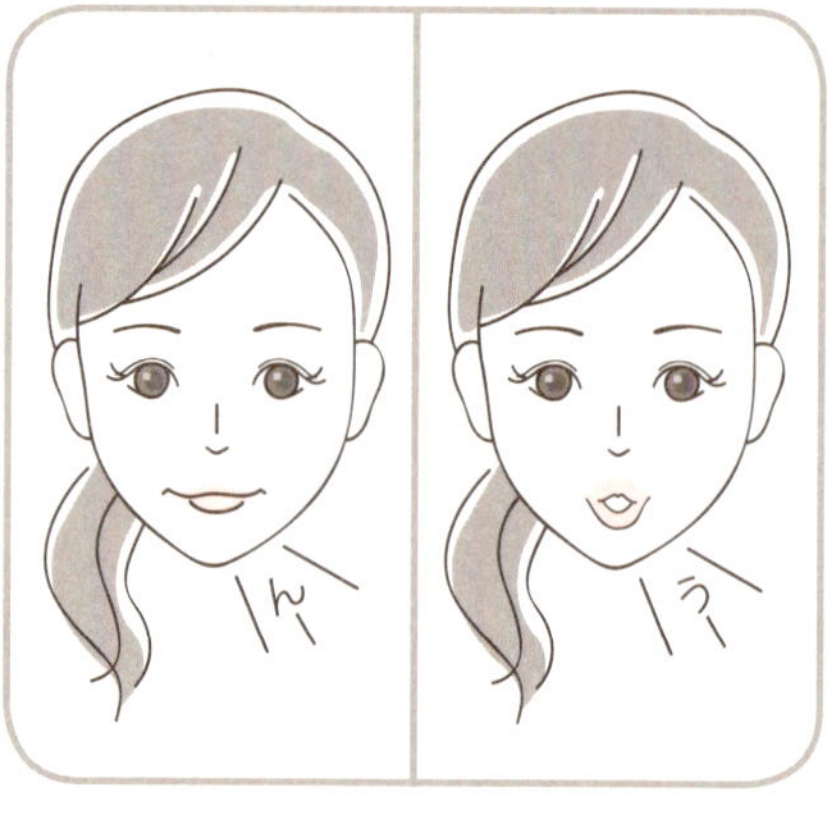

素敵な笑顔ストレッチ

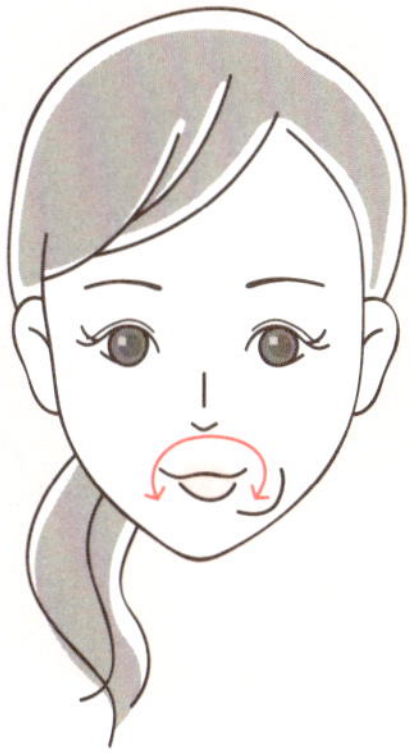

1 口を閉じたまま、唇の内側をなぞるように舌をまわす。

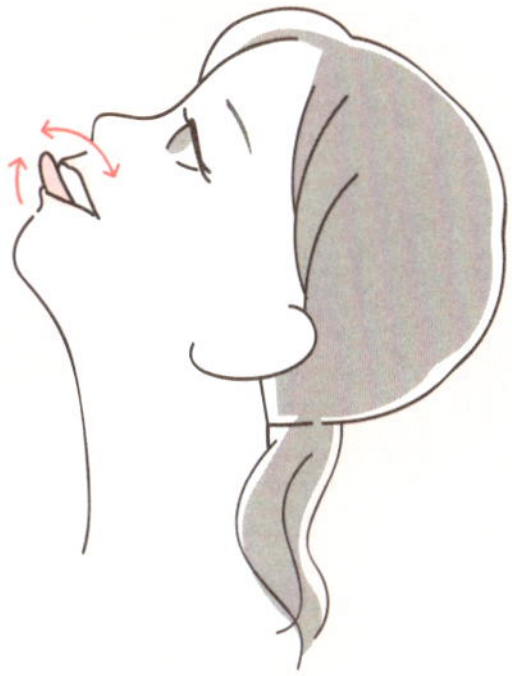

2 あごをしっかり上げて上を向き、舌を突き出して左右に動かす。

POINT

「目」と「口角」は わかるんですが 最後の「舌」って……？

私も全然知らなかったんだけれどね、舌の筋肉は口まわりの表情筋とつながってるんだって。だから舌の筋肉が弱いと、せっかくの笑顔も魅力半減ってわけ。見えないからって手抜きしちゃダメなんだね〜。

髪がいつもパッサパサ！

髪がいつもパッサパサ！グループ

既読 09：05 毎日ワカメを引くほど食べてるのに…髪がパッサパサなんです

既読 09：05

引くほど食べても髪質はよくなりませんよ！
お通じはよくなるかもしれないですけど… 9：18

髪のパサつきの原因は、
脂質の摂りすぎや血流の悪さだったり
しますからね 9：20

既読 9：21 結局、「正しい運動と食事」かあ…

結局、「正しい運動と食事」なんです 9：21

あ、かぶった！（笑）
わかってきましたね！ 9：22

イケメン
ADVICE

ワカメやひじきをモリモリ食べるより、正しい運動と食事がサラサラヘアの一番の近道！

残念ながら、ワカメやひじきをたくさん食べても、髪質の改善にあんまり効果はありません。髪のパサつきは、暴飲暴食や極端なダイエット、食べたぶんのエネルギーを燃焼させないことなど、偏った栄養バランスや運動不足が一番の原因だからです。「結局、また〝食事と運動〟なの？」という飽き飽きした顔が目に浮かびますが、はい、結局〝食事と運動〟なんです。髪の毛だけにピンポイントで効くような、魔法の食材はないんですよね。

髪のパサつきはストレスによる血行不良も原因のひとつ。筋トレは「幸せホルモン」と呼ばれる神経伝達物質「セロトニン」の分泌を促し、ストレスを緩和させてくれるんです。僕たちが筋トレ大好きだから、むやみに勧めているわけじゃないんですよ！

［髪が傷む理由の一番は食生活］

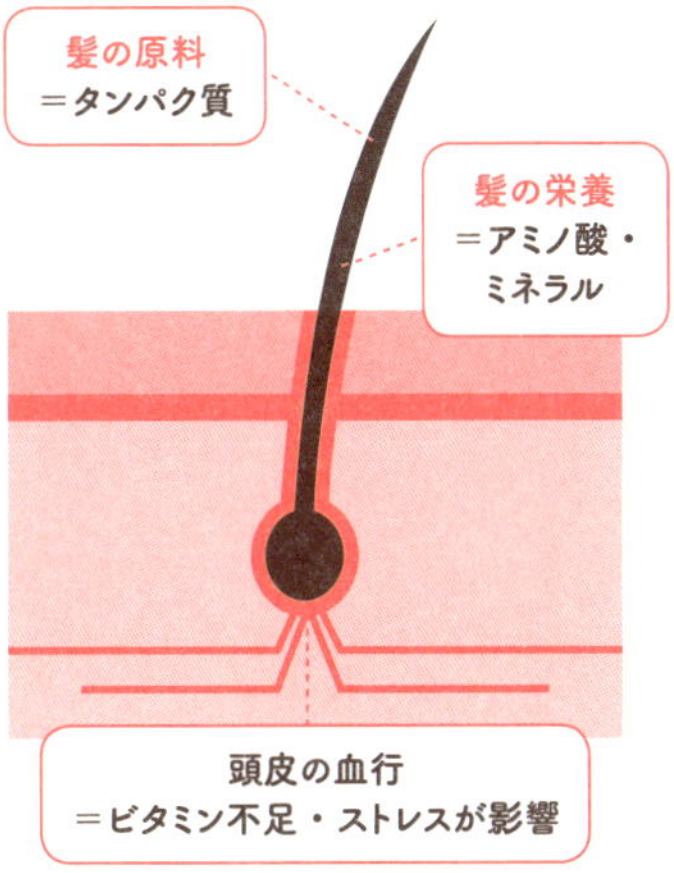
髪の原料
＝タンパク質
髪の栄養
＝アミノ酸・ミネラル
頭皮の血行
＝ビタミン不足・ストレスが影響

実は、無理なダイエットの悪影響が真っ先に出てくるのが肌と髪。間違った食事制限によって、髪の成分であるタンパク質や、その栄養に必要なアミノ酸・ミネラルが不足すると、髪はてきめんにダメージを受けてしまいます。また、ビタミン不足や食事制限のストレスなどは、頭皮の血行を悪くする一因。バランスのよい食生活が髪の健康にも一番なのです。

食べて女性ホルモンを分泌させよ♪

女性ホルモンを整えてくれる食材は、
私たちの身近にあるものばかり。
女性ホルモンの分泌を促し、サポートしてくれる栄養素をご紹介。

オメガ3系脂肪酸

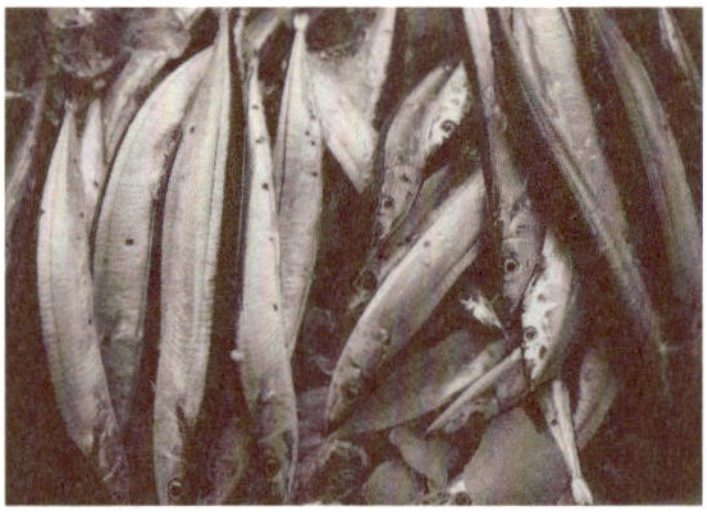

青魚に多く含まれる脂肪酸はホルモン生成に重要な役割を果たします。青魚、亜麻仁油、シソ油などで摂取を。

大豆イソフラボン

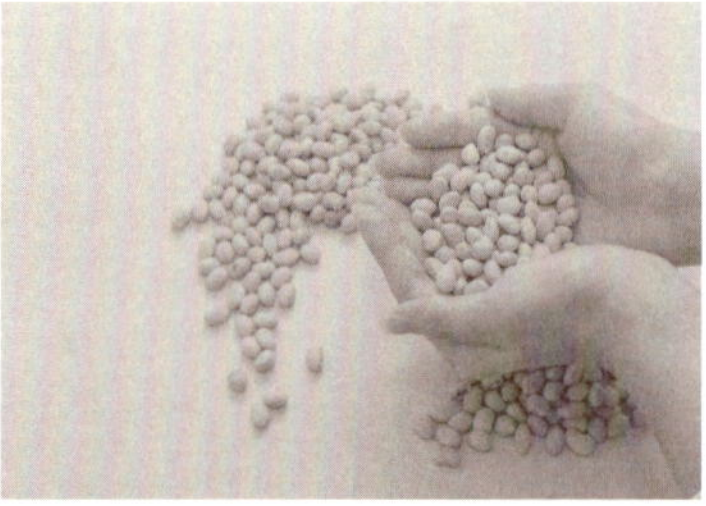

大豆に含まれるイソフラボンは女性ホルモンのエストロゲンと似た構造を持っています。肌荒れや更年期対策に！

亜鉛とビタミンB6

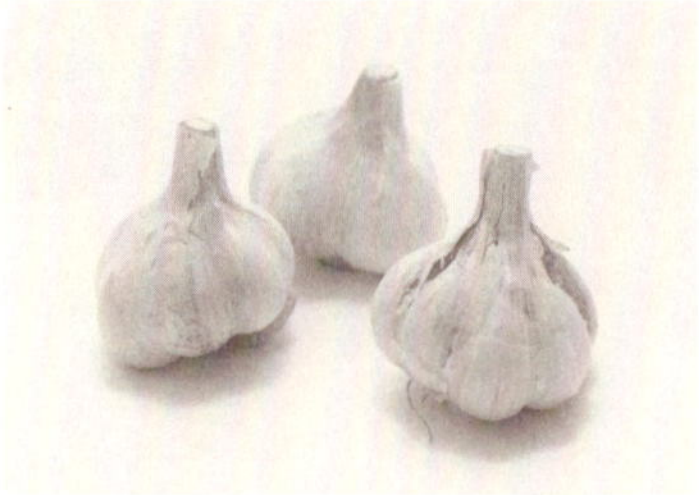

亜鉛、ビタミンB6ともに女性ホルモンの分泌を促進してくれます。マグロやかつお、レバー、にんにくなどに含まれます。

動物性タンパク質

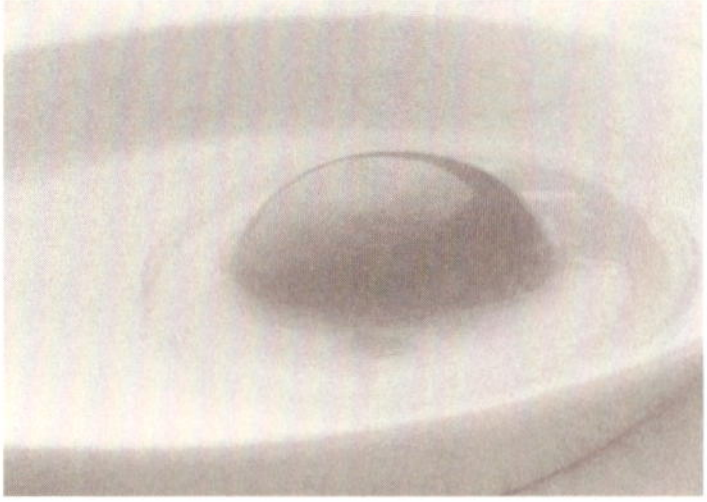

女性ホルモンのもとは動物性タンパク質。肉・魚・卵などは毎日意識して必ず摂取して。肉は赤身がおすすめ。

女性ホルモンの分泌は生活習慣でアップできる！

女性ホルモンにはエストロゲンとプロゲステロンの２種類があり、女性の体や心、脳にまでさまざまな影響を与えています。

エストロゲンは別名〝美のホルモン〟と呼ばれ、肌にうるおいやハリを与え、新陳代謝を促して脂肪が燃えやすい体をつくってくれます。プロゲステロンは生理や妊娠に関わってくるホルモン。子宮内膜を厚くするなど妊娠を維持する重要な役目を担うのだけれど、分泌されすぎると便秘や吹き出物の原因にも。

排卵前まではエストロゲンの分泌量がピークになり、排卵後にはプロゲステロンが増えていきます。どちらも健康に欠かせないホルモンだから、２つがバランスよく分泌されることが大事。さまざまな食材の力を借りて女性ホルモンの分泌を促しましょう。

POINT

女性ホルモンは
食事以外では増えないの？

エストロゲンの分泌は30代後半から減少していっちゃうの。けれども軽い運動でも分泌が促されるらしいから、筋トレやストレッチなど適度な運動習慣はやっぱり大事。押忍！

TH
バサ バサ
ワカメ食べてるのに…
このスカートかなり奮発して買ったのに…
ギリイイイ…
私、が二股じゃないから！
風の通り道になってるよ
ひゅううう
ズ〜〜ン
ハ〜今日も眠れない…
寒
ガチ
角度昨日より深くなってない？
大丈夫〜？
出ない…
ゲホ
また早退？
チーン
残念なほど疲れやすいグループ
何をする気にもなれませんっ！
既読 9:42
もうダメ… 先に行ってて…
私、おみやげ見て待ってるから…
登り始めたばっかりじゃん…
屋 軽食 おみやげ
既読 9:42
バレエの呼吸を普段から取り入れてみましょう。
9:45
姿勢が悪いと酸素をいっぱい吸えませんからね… 胸を開くストレッチもやりましょう！
既読 10:12
また、呼吸の話してる……

CHAPTER 2 ヘルス トラブル

HEAL

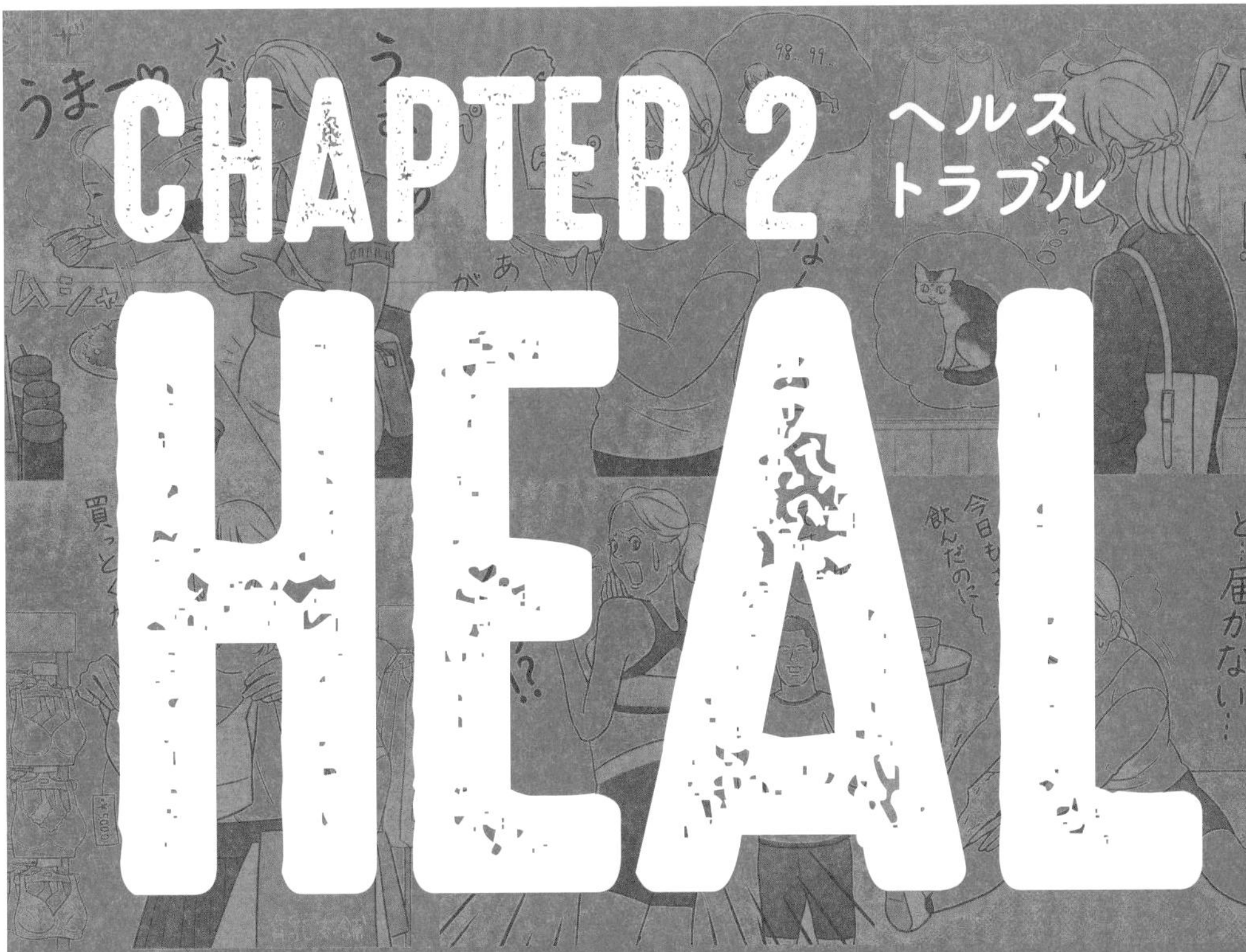

おとなキレイな人は、からだの内側も美しい！

というよりも、健康だからこそ美しいのです。

冷え性、疲れやすい、寝つきが悪い、肩こり、

腰痛、便秘、食欲不振、食べすぎ、マイナス思考 etc.——

ぜんぶ根こそぎ解決しましょう。

残念なほど疲れやすい

残念なほど疲れやすいグループ

既読
9：42
何をする気にもなれませんっ！

既読
9：42

バレエの呼吸を普段から
取り入れてみましょう。
9：45

姿勢が悪いと
酸素をいっぱい吸えませんからね…
胸を開くストレッチもやりましょう！
9：46

既読
10：12
また、呼吸の話してる……。

ベタだけどスクワットしちゃいましょう！
森光子さんばりにしちゃいましょう。
アドレナリンが出るから達成感も
ありますよ！！！
10：15

イケメン
ADVICE

筋肉の3分の2は下半身にあり！ アドレナリンどっぱどぱで、基礎代謝をアップ!!

なんだかんだ言ったところで、体力の向上には継続的な運動が不可欠。体力がなかったり疲れやすかったりするのは、運動してないからです（そりゃそうだ）。

運動不足が慢性化すると、加齢とともに基礎代謝は下がるし、筋力も落ちる一方。基礎体力＆筋肉の維持・向上こそ、疲れ知らずのおとなキレイなからだをつくる基本です。

そうはいっても、「疲れないために疲れる運動なんてしたくな〜い！　なるべくラクした〜い!!　だって女の子だもん…」という女子は、下半身だけ重点的に動かすことから始めましょう。基礎代謝は、筋肉の3分の2がついている脚がつくっているようなもの。スクワットなどで下半身を鍛えるだけで、全身の基礎代謝も上がります。やってみると、アドレナリンが出て楽しくなるから、意外に続けられるはずです。

いやいやいやいや
いやいや…
そんなスクワットなんて
脚が太くなるじゃ
ないですかっ（言い訳）
それくらいで
太くなんねーから。
いーから、やれよ。

このエクササイズで治しましょう

胸を開くストレッチ その①

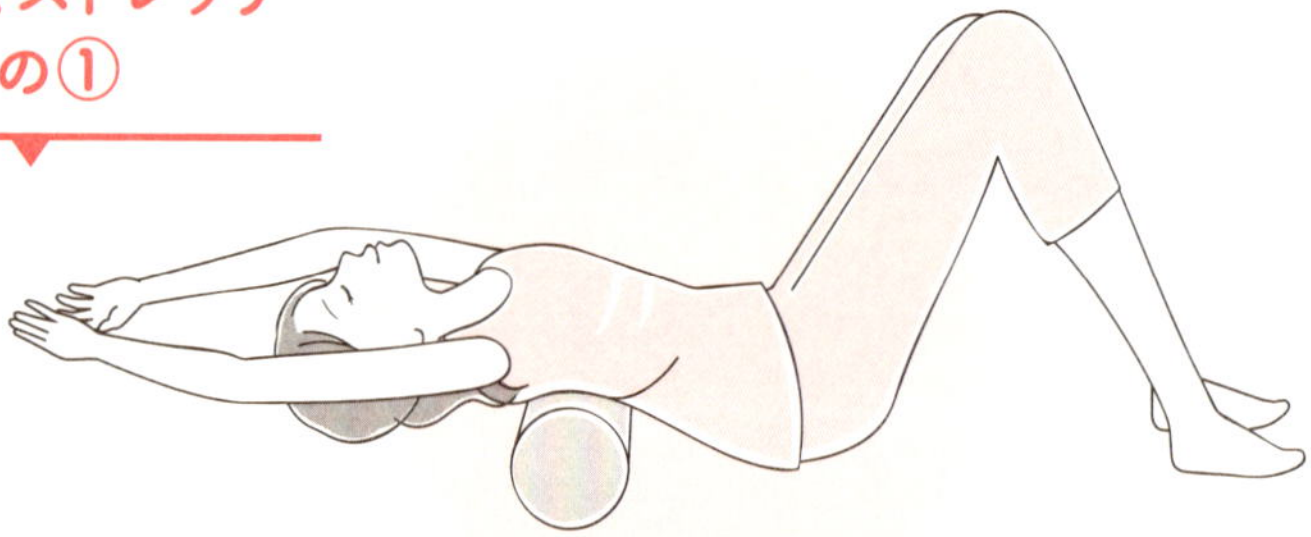

1 ストレッチポールあるいはバスタオルを巻いたものの上に、背中（みぞおちの反対側）をのせる。

2 そのまま頭の上に手を伸ばすと、手の重みで自然に胸が伸びる。その際、腰を反らさないよう腹筋に力を入れる。20秒×朝昼晩の3セット。

胸を開くストレッチ その②

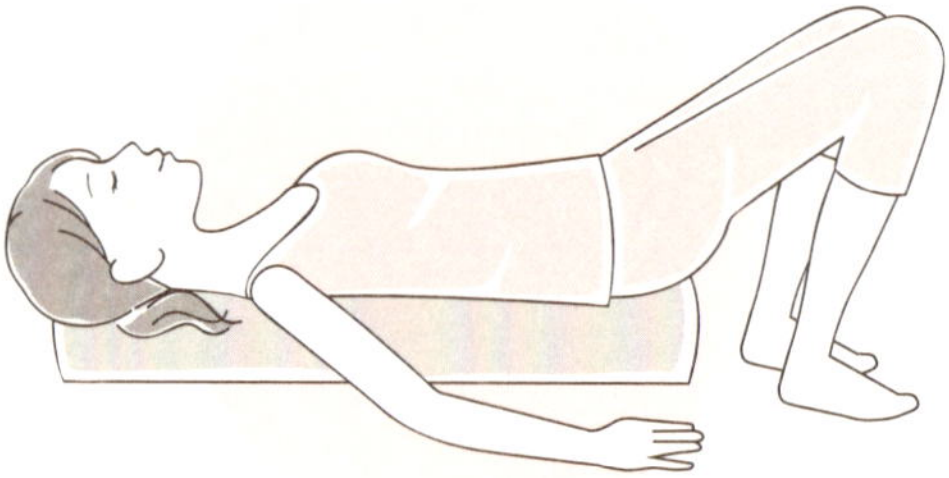

1 ストレッチポールあるいはバスタオル2～3枚を巻いたものの上に、後頭部からお尻までからだの中心線に合わせて仰向けになる。ポールが肩甲骨の間に挟まるように。腕はだらりと垂らす。

2 そのまま腕を上下させて肩甲骨を動かす。20秒×朝昼晩の3セット。

スクワット

1 肩幅程度に足を開き、つま先は少し外に向ける。手は胸の前でクロス。

2 腰を落としながら息を吸い、腰を上げるときに吐く。15〜20回×朝昼晩の3セット。

CHECK

ランニングのほうが好きなんですけど…ダメ？

運動すると分泌されて楽しくなるアドレナリン。分泌量は運動量に比例するので、10回より20回のほうが達成感や充実感が得られて気分も上がりますよね。ランニングは達成感を感じるにはおすすめなんですが、有酸素運動なので基礎代謝の向上にはあまりつながらないんですよね〜。

冷え性すぎて震えが止まらない

冷え性すぎて震えが止まらないグループ

会いたくて震えてます…

既読
11：22

既読
11：22

ウソですっ！
スイマセン、ほんと悩んでます！！

既読
14：15

副交感神経を優位にするルーティン。
あと、食事。

14：18

つ…冷たっ！　言い方、冷たっ！！
凍えて死んじゃうよぉ～（チラッ）

既読
14：19

本当に本当にスイマセン！
詳しく教えてください！！！！！

既読
21：58

(´_ゝ｀)

22：20

イケメンADVICE

原因はいろいろあるだろうけれど、とりあえず副交感神経を優位にさせてポッカポカ

睡眠不足、疲労、ストレス、筋肉量が少ない、皮下脂肪が少ない、食事量が足りてないetc.——これらすべてが冷えにつながります。心当たりがある場合は、それぞれ改善していくしかありません。とはいえ、「筋肉がつくまで震えてろ」というわけにもいきませんし、寝て解決するくらいなら震えてない、という方もいらっしゃるでしょう。だったら、まずは冷えの直接的な原因にスポットを当てて、緊急措置的な対策を講じていきましょう。冷えは血液量と比例関係にあります。血液量が少ないとからだは冷え、多いとポカポカするというわけです。ポイントとなるのは、毛細血管。拡張して血液量を増やせば、冷えはいくらかマシになるはず。そして、この毛細血管を拡張させるためには、お風呂やストレッチ、マッサージなどで副交感神経を優位にする必要があるのです。

POINT

副交感神経ってそもそもなんなの？

副交感神経と交感神経から成る自律神経は、内臓や血圧、体温などを無意識に調整している神経です。緊張や興奮すると交感神経が、リラックスしていると副交感神経が優位になるの。まずは興奮を鎮めましょ？

お風呂やハンドタオルを上手に使って副交感神経を優位にするルーティンを

副交感神経を優位にするには、高ぶった神経を落ち着かせてリラックスする必要があります。夜ならお風呂を上手に活用しましょう。

40℃以下の湯船にゆったりつかり、お風呂上りもリラックス。ストレッチやセルフマッサージ、ツボ押しなどでからだをほぐし、仕事や恋の悩みはとりあえず棚上げしてしまいましょう。ベッドや布団に入って腹式呼吸をし、目をつぶってポジティブな言葉を唱えるだけでも、気持ちがだいぶ落ち着くはずです。

昼間だったら、左ページで紹介している「ウォームインプット」がおすすめ。目を温めると血管が拡張して血液循環がよくなり、筋肉がほぐれて副交感神経優位になります。耳を温めても同様の効果が期待できます。お風呂でシャワーを耳の裏にあてたり、温かい手で耳をさすったり揉みほぐすだけでも気持ちよくリラックスできるはずです。

【 足首には冷え性に効くツボがたくさん 】

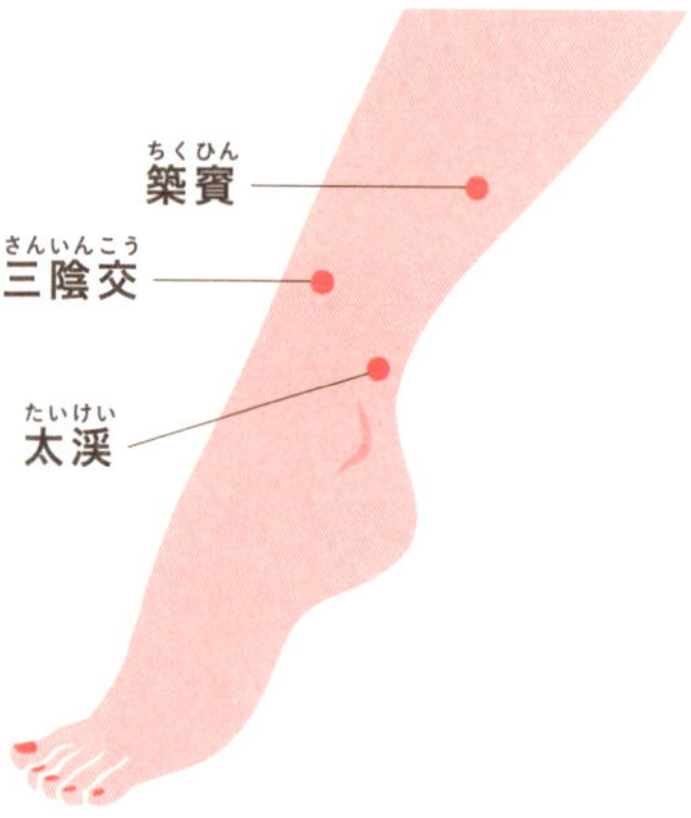

三陰交《さんいんこう》

冷え性、低血圧、生理痛、生理不順、更年期障害

築賓《ちくひん》

冷え性、のぼせ、アキレス腱炎、めまい、耳鳴り、吐き気、食あたり

太渓《たいけい》

冷え性、のぼせ、低血圧、アキレス腱炎、歯痛、精力減退、無気力、めまい

【 正しいウォームインプットのやり方 】

1

水に濡らしたハンドタオルを硬く絞った後、軽くサランラップで包み、電子レンジ(500w)で約30秒。温もりが足りなければ、10秒ずつ温める時間を延ばします。

2

そのまま目や耳の上に置くとやけどの可能性があるので、タオルをほぐして適温(目の上に置いたら気持ちよい温度)になるまで冷ましてから、置くようにしましょう。

POINT

どんな食事を摂ると副交感神経優位になりますか？

基本的には「バランスのよい食事」を心がけましょう。特に意識して摂りたいのは、食物繊維と発酵食品。もちろん、お菓子や過度なアルコール摂取は控えること！夕食は寝る４～５時間前に摂ると、質のよい眠りが得られると言われています。仕事などで難しいようなら、18～19時ごろに軽食をつまみ、夕食は量を減らしてみてください。

ドン引きするほど眠れない

ドン引きするほど眠れないグループ

逆に会社で眠いっす

既読
22：05

それ眠気
スッキリするやつ？
ううん
睡眠薬…
えっ
ポリ
ポリ

既読
22：05

バレエの呼吸で
自律神経を整えてみては？

22：18

えっ？ そうすると
会社で眠くなくなるんですか！？

既読
22：19

逆、ぎゃく！
夜に眠る話をしてるから～

22：19

はあ、呼吸で眠くなる…ですか……

既読
22：20

正確には副交感神経優位に
するんだけどね…

22：21

バレエダンサーは自律神経のコントロール自在！正しい呼吸法で眠る準備を整えましょう

バレエでは、呼吸をコントロールすることで繊細な動きとダイナミックな動きを表現しています。基本的に息を吸うときは交感神経優位、吐くときは副交感神経優位になるのですが、交感神経が強すぎると肩の力が抜けず、脚が力んでしまって動きが硬くなりますし、副交感神経が強すぎると姿勢が安定せず、回転がふらついてしまいます。だからこそ、バレエでは呼吸を非常に大切なものと位置付けています。正しい呼吸をすることで、自律神経を整えているのです。

そして、この自律神経は眠るときは副交感神経優位になっていなければなりません。呼吸が正しくないと、寝る時刻になっても交感神経優位になってからだは興奮状態。これでは、眠れるはずがありません。正しい呼吸を身につけて、からだをしっかり休めてあげてくださいね。

【バレエの呼吸で自律神経を整える】

まずは正しい姿勢をキープ（P39参照）。おなかを凹ませたまま肩甲骨をしめるように鼻から細〜くゆっくり息を吸いましょう。息を吐く際は、必ず口から。おへその下の筋肉を意識して吐ききりましょう。吸うときも吐くときも4秒ずつ。ゆっくり吸って吐くのがポイントです。

副交感神経を優位にする夜習慣

ひとりでぼんやりしていると、
ついついイヤ〜なことを思い出してしまいがち。
特に夜はその危険度MAXです。
眠れない夜にサヨナラ！ の習慣をお教えします。

ハーブティーを飲む

効果はさまざまですが、特にラベンダーの鎮静作用は胃腸の副交感神経の活動を促進するという研究報告もあるほど！

入浴は40℃以下に

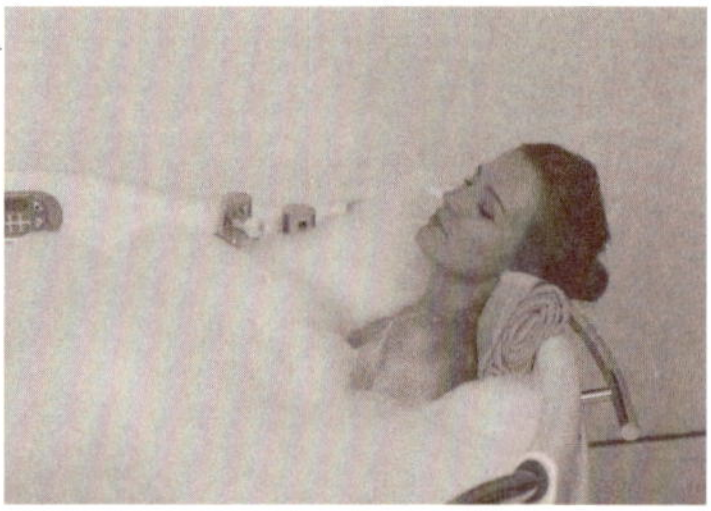

ぬるめのお湯でからだの芯まで温めましょう。湯船につかるのは20分以内が目安です。

寝る前のスマホをやめる

スマホのみならず、テレビやパソコンもNG。カフェインの何倍もの覚醒作用があります！

音楽を聴く

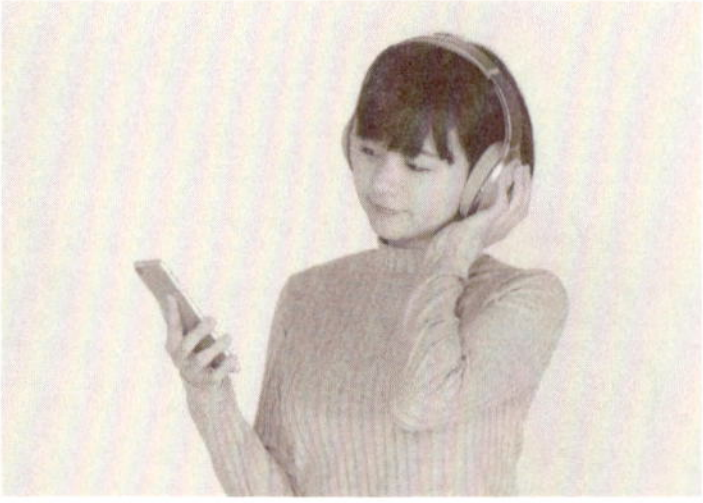

曲は落ち着いたものをチョイス。自分の呼吸よりも早く感じるようなら、さらにゆったりした曲をかけましょう。

マイナス思考に悩む暇もないほどに夜習慣でおとなキレイを磨きましょう

おうちに帰って着替えてテレビをつけ、ひとりごはんを食べてお風呂に入り、ベッドに入っても昼のイヤなことを思い出したり不安になったりして眠れない——そんな経験、ありますよね？　なかにはそれが日常化している人も……。

心もからだも疲れた夜は、ただでさえ気分が沈みがち。歯をくいしばって眠れない夜をすごすことのないように、副交感神経を優位にさせる習慣をつけましょう。

入浴は交感神経が優位になりやすい42℃以上は避けましょう。また、半身浴ではなく、鎖骨までつかる全身浴で十分にからだを温めましょう。音楽は自律神経の司令塔とも呼ばれる視床下部に働きかけます。音量はさりげなく聞こえてくるくらいがよいでしょう。ハーブティーはラベンダーのほか、リラックス効果や疲労回復効果があるものなど種類はさまざま。自分に合ったものを選びましょう。

POINT

どうしても寝る前にパソコンを使わなきゃいけない場合はどうしたら……

ちょっと何言ってるかわからないけれど、就寝前にどうしてもパソコンなどを使わなければいけない場合は、せめてブルーライトカット眼鏡をかけましょう。95ページで紹介しているウォームインプットもおすすめよ。

TROUBLE 04

眠れないほど肩がこる

眠れないほど肩がこるグループ

バッキバキでギンギンです！

既読
23：41

既読
23：41

今日

オフィスでもできる
ストレッチをお教えしますよ！

10：23

骨盤の歪みからきている
肩こりもあるけど…
肩じゃない部位のこりから
きている可能性もありますよ

10：31

機械と同じで、ときどき油をさして
動かしてあげないと、
どんどん動かなくなって
しまいますよ！

10：33

イケメンADVICE

肩がバッキバキ、おかげで夜でも目がギンギン…つら〜い肩こりは、まず姿勢改善から

パソコンやデスクワークが多い人ほど、同じ姿勢で可動域が狭く、血流が悪くなっているので肩こりになりやすいもの。ひどくなると、眠れない、頭痛、めまい、吐き気、からだが痺れるといったからだの不調だけでなく、集中力や判断力が鈍ったり、イライラしたり不安になったり、日常生活に激しく支障をきたす場合もあります。バッキバキで済んでいるうちは、まだまだかわいいほうなのです。継続的なトレーニングで、今のうちに脱バッキバキを目指しましょう。

まずは首や背骨の後ろから肩に広がる僧帽筋に注目。縮んだ筋肉をストレッチで伸ばしてあげましょう。広背筋と三角筋を一緒に動かせるタオルラットプルダウン（P44参照）もおすすめです。ともあれ、姿勢が悪い人はそれを改善するだけ（P38参照）でも、かなり違ってくると思います！

POINT

「隠れ肩こり」ってなんですか？

肩の筋肉が緊張して血行が悪くなっているのに、自覚症状がない肩こりよ。気づいたときには上に挙げられている深刻な症状を発症することも…。同じ姿勢を長く続けない、適度な運動を怠らないといったケアのほか、いつも正しい姿勢でいることを心がけましょ。

このエクササイズで治しましょう

逆に重いものを持つ

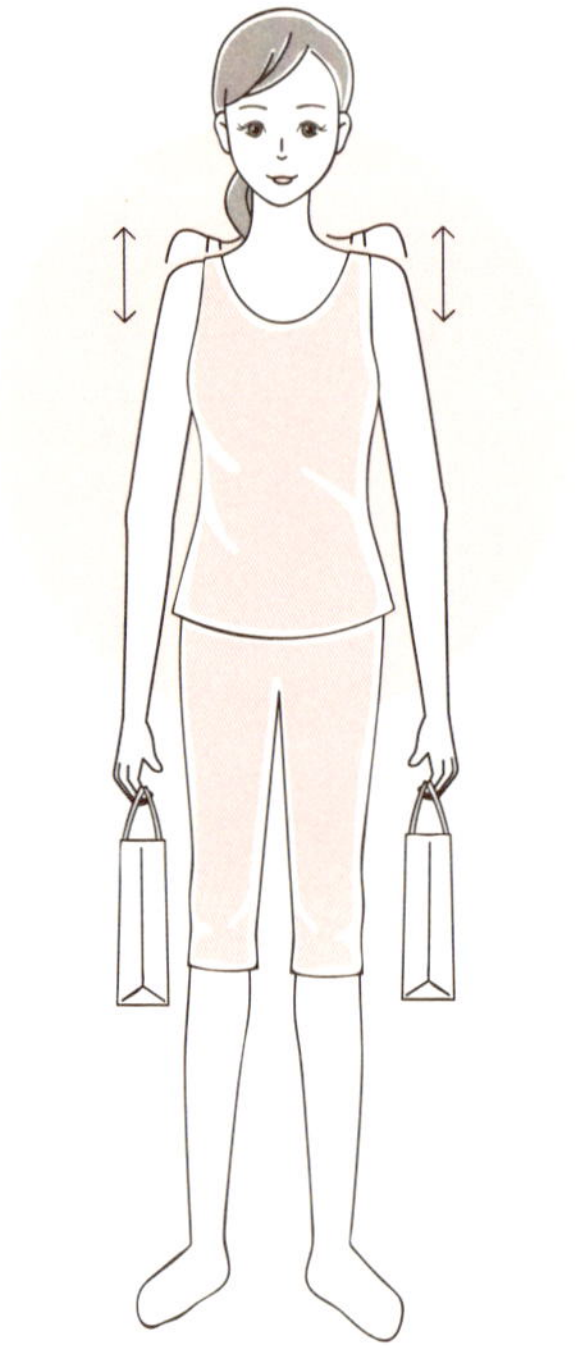

1 両腕に重いものを持って、肩をぐっと引き上げる。

2 じわーっと下ろす。10〜15回×朝昼晩の3セット。

オフィスでもできるストレッチ

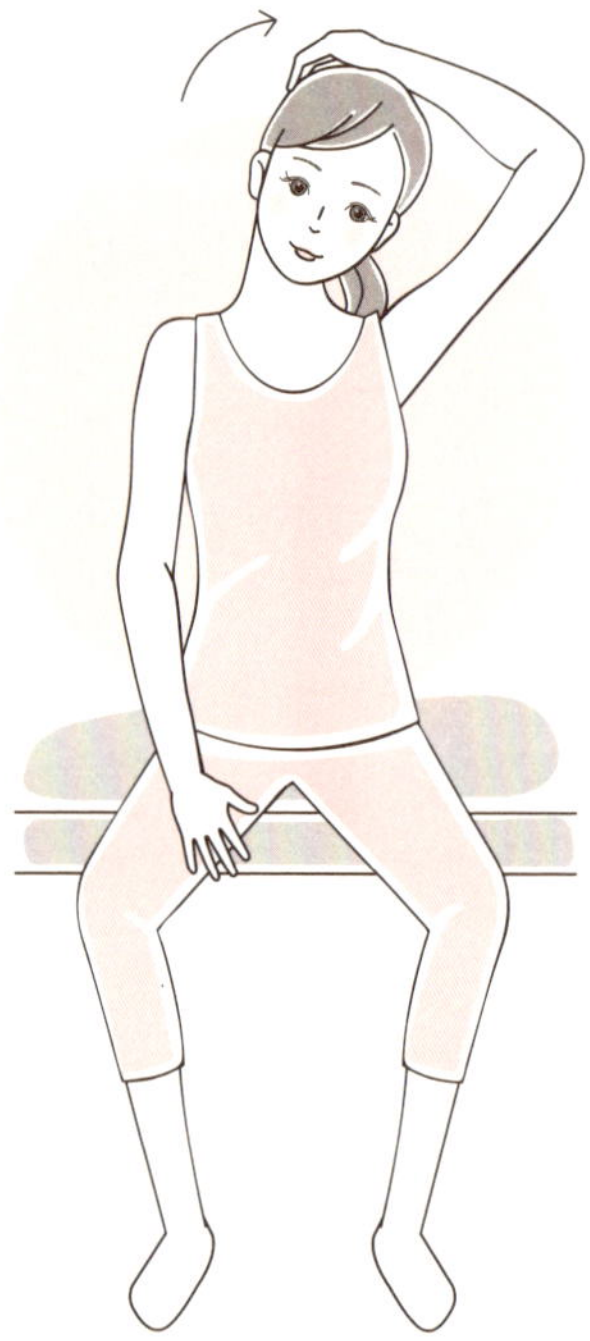

1 座った状態で頭に手を置き、首を真横に倒していく。

2 より伸ばすために、また頭を倒した反対側の肩が上がらないように、空いている手をイスにかけておくとよい。左右20秒×朝昼晩の3セット。

土下座ストレッチ

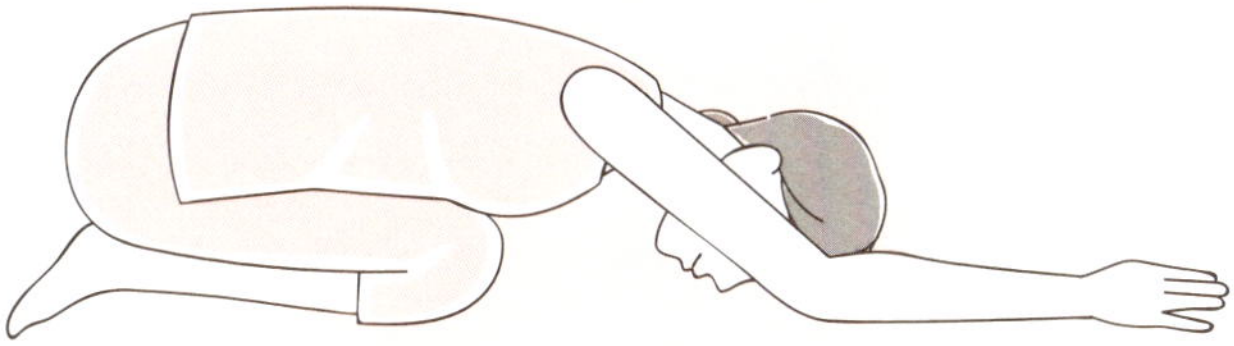

1 土下座のようなポーズで座る。

2 両手を置いてくるようなイメージで前方に突き出し、広背筋を伸ばす。20秒×朝昼晩の3セット。

CHECK

肩を揉んでもあまり効果がないのはなぜ？

そもそも肩こりは筋肉が姿勢を保つために緊張し、血行が悪くなって重く感じる状態です。筋肉が緊張した状態をマッサージしても、一時的に血行を解消して柔らかくなるだけで、より悪い姿勢にも耐えらえるからだをつくっている、とも言えます。肩がこったらストレッチと姿勢矯正。揉むのは効果がないどころか、長い目で見れば逆効果なのです。

病院へ行こう——

それ、ただの肩こりじゃありません！

肩こりは男女問わず多い症状ですが、
ただの筋肉疲労ではない場合もあります。
しびれや関節の痛みがある場合は要注意！

関節リウマチ

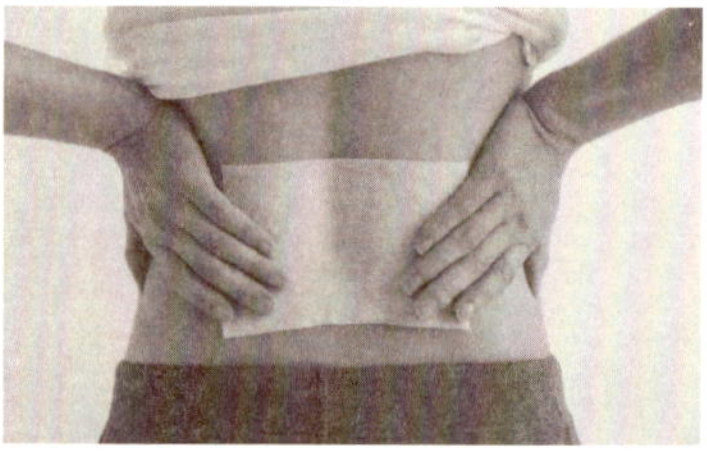

炎症を起こした関節の骨や軟骨が破壊される病気。起床時に肩・手足が痛い場合、左右対称に痛む場合は要注意。

頸部筋肉疲労

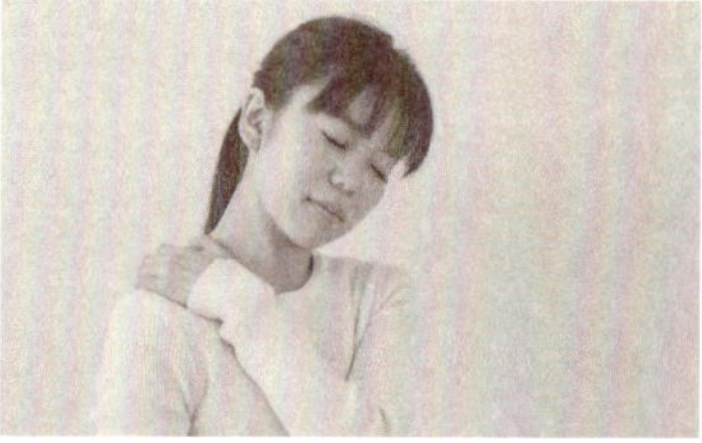

首から肩にかけてセメントで固められたように張って痛いのなら、関節や神経が損傷している場合もあります。

病気

四十肩・五十肩、関節リウマチ、頸椎椎間板ヘルニア、変形性頸椎症、歯周病、顎関節症、関連痛

変形性頸椎症

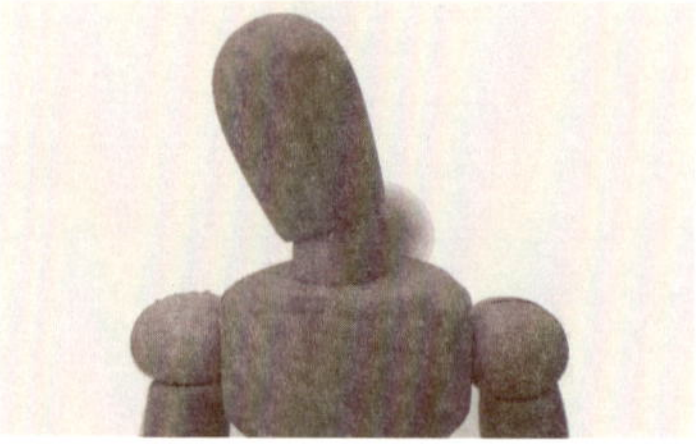

首の骨（頸椎）が変形してしまう病気。肩や首の痛み・しびれが長く続き、細かな手作業がままならなくなる。

四十肩・五十肩

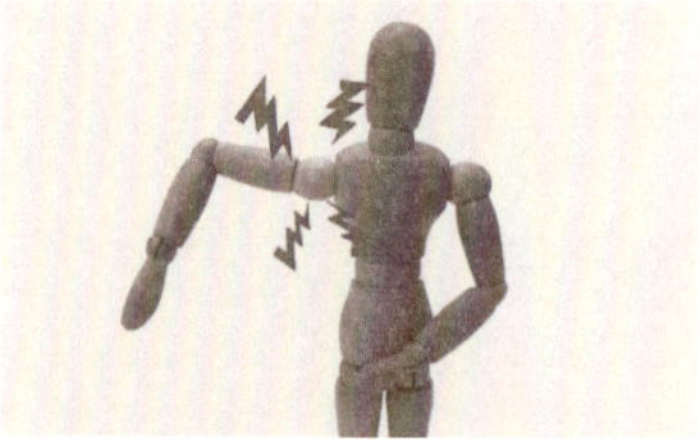

正式名は「肩関節周囲炎」。関節に炎症が起きて痛みが生じたり、上下左右の動作がしづらくなったりするのが特徴。

痛い、だるい、しびれる肩こり 骨が変形する恐ろしい病気も！

肩こりの原因のトップは性別・年齢を問わず、「筋肉の疲労」。これ自体は現代病としてもはや仕方がないものともいえますが、放っておくと恐ろしい事態を引き起こす可能性があることは、あまり知られていません。

たとえば、痛くて肩の高さより腕が上がらない、電車の吊り革に手が届かない、関節が腫れて痛む、細かな手作業ができなくなる、などの場合は、右ページで紹介しているような病気をすでに発症しているのかも。

日頃から肩こりに悩んでいる人は、まずは今の段階で肩や腕を上下左右にスムーズに動かせるかをチェックしてみましょう。長年の慢性的な肩こりが気づかぬうちに悪化して、関節が炎症を起こしたり、首の骨が変形していたり……なんてケースも少なくありません。痛みを当たり前のものと思わず、気になったらすぐ病院へ！　おとなキレイの常識です。

POINT

首をポキポキ鳴らすのは肩こり解消になる？

ならないから！　首を左右に伸ばしてポキポキと音を鳴らすと、ほぐれたように感じるけれど、実は頸椎に負担をかける「自傷行為」。関節軟骨がすり減っちゃうから控えましょ？

TROUBLE 05

なんだか腰が痛い……イタイ!!

なんだか腰が痛い……イタイ！！グループ

だからトレーニングもできな〜い！
サボッてるわけじゃないんです！！

既読
10：02

既読
10：03

実際に腰痛が出ているときは安静にするのが第一！
気にしないで！！
でも、予防は正しい運動と食事。

10：15

既読
10：21

ですよね…

腰痛のときはトレーニングをせずに
ストレッチをして休めたほうがいいよ！

12：21

お尻がかたいのかもしれませんね…
ストレッチの処方箋、出しときます。

12：34

痛くなったら静養第一！
痛くなる前のトレーニング&ストレッチを

腰が痛い場合、何はなくともまずは安静。それでも痛みが引かないようなら、腰椎や骨盤のねんざ、ヘルニアなどの疑いあり。すみやかに病院へ行きましょう。

予防や静養のためには、ストレッチで筋肉を柔らかくし、可動域を広げるのが正解。ただし、腰痛の原因がどこかによって、ストレッチも変わってきます。

後ろに腰を反らすと痛い場合は、太ももの表やおなかのストレッチ（P18参照）が効果的。立って前に腰を曲げると痛い場合はお尻と脚の裏、座って前に腰を曲げると痛い場合は首のうしろと背中のストレッチがそれぞれ効果的です。次のページでは、お尻と背中のストレッチをそれぞれご紹介しています。無理せず、試してみてください。痛みが引いたら、コルセットの役割を果たす腹筋や背筋のトレーニングも行いましょう！

POINT

背中のストレッチやトレーニングが腰痛によいのはなぜ？

トレーニングして背中全体を鍛えるとよいのは、たとえば背中の筋肉が弱いと、それをかばうために腰を使って痛めてしまうことが多いから。特におすすめしているのは、広背筋（肩甲骨の下に位置する筋肉）のストレッチです！

このエクササイズで治しましょう

広背筋のストレッチ

1 横に寝そべり、片手をついて上半身を起こす。上側のひざを曲げて、下側のひざの前に足を持っていく。

2 ついてないほうの手を、上側のひざの前に持っていき、広背筋をじっくりと伸ばす。20秒×朝昼晩の3セット。

お尻のストレッチ

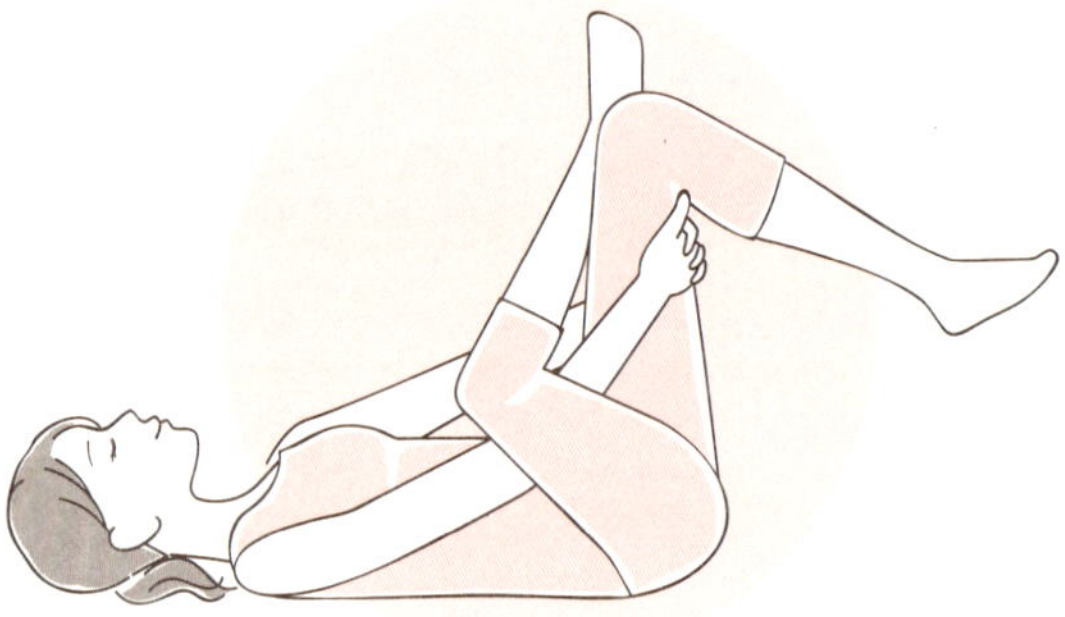

1 脚を4の字に組み、伸びているほうの脚のもも裏を両手で持つ。

2 そのまま両脚を胸元に持ってくるイメージで引く。ポイントは腰が丸まらないこと。腰をまっすぐにすることで、お尻が伸びる。左右20秒×朝昼晩の3セット。

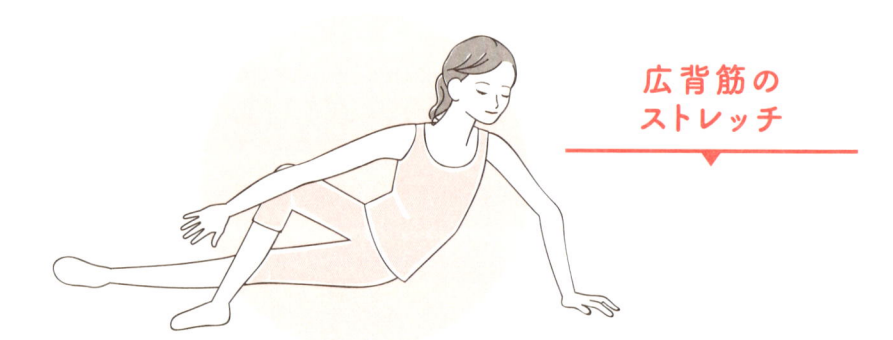

お尻のストレッチ（座ったver.）

1 脚を4の字にクロスさせ、反対の脚に乗せる。

2 腰をまっすぐにしたまま胸を近づける。左右20秒×朝昼晩の3セット。

POINT

お尻のストレッチが腰痛によいのはなぜ？

お尻と脚の裏の筋肉が硬いと、腰に負担がかかります。また、お尻が硬いと神経を圧迫し、結果として腰に痛みが出ることもあるからです。

TROUBLE 06

便秘が思いのほかガンコ

便秘が思いのほかガンコグループ

既読 09：53
おなか…痛い……ガクッ…

既読 09：53

えっ……大丈夫…？ 09：54

既読 10：03
……むくっ！
気持ち…悪い……ガクッ…

正しい運動と食事は…
手遅れか…… 10：05

とりあえず水分を摂りましょう！ 10：06

イケメン ADVICE

食物繊維や水をたくさん摂りつつ腹筋下部を鍛えましょう

デスクワークが長くてからだを動かす機会がなかなかつくれない、ストレスフルな毎日を送っている、便意を我慢しがちな人……そんな人は要注意。完全なる便秘予備軍です。

放っておくと肌荒れの原因になるわ、イライラが止まらなくなるわ、肩こり・腰痛を招くわ、いつも疲れてだるいわ、おなかが張って痛いわと悪いことづくめ。正しい運動と食事をしてこなかったツケ――それが便秘なのです。

その改善には、正しい運動と食事も大切ですが、水分補給も超重要ポイント。朝起きてすぐにコップ1杯飲むだけでも、腸が刺激されて便意が起こりやすくなります。1日に1・5リットルを目安に飲めば、かさの増えた便は腸内を移動しやすくもなります。食事のかさが少ないのも問題。極端に食べる量を減らすダイエットは控えましょう。

POINT

便秘って、どこからが便秘になるんですか？

日本内科学会によると、「3日間以上排便がない状態、または毎日排便があっても残便感がある状態」なんだって。そのほか4回に1回は硬い便だったり、強くいきまないと出なかったりしても便秘認定。ひどくなる前に対策しましょ？

このエクササイズで治しましょう

腹筋下部のトレーニング

1 仰向けになり、両脚を上げる。腕は手のひらを床につけてからだの横に置く。

2 腰を丸めてひざを胸の前まで引き寄せ、元の位置まで戻す。ひざの曲げ伸ばしではないので、ひざの角度は固定。15～20回×朝昼晩の3セット。

【　便秘に効くツボで一石五鳥　】

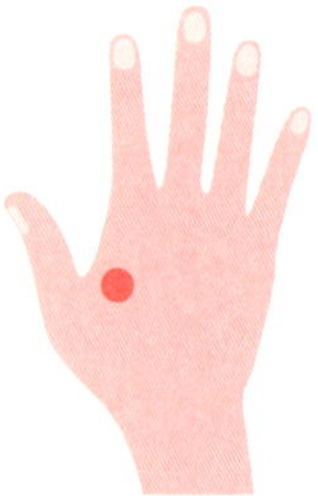

合谷《ごうこく》

親指と人さし指の付け根、やや人さし指側のくぼみにあるツボ。

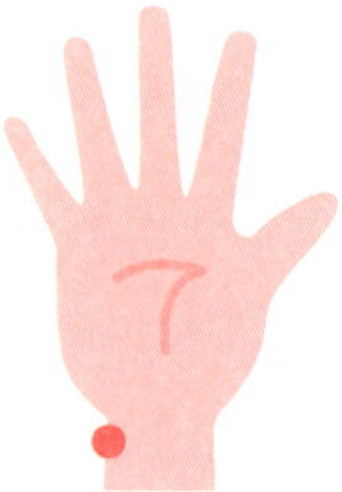

神門《しんもん》

手首の内側、横じわの小指側にあるくぼみにあるツボ。

便秘に効くツボは数あれど、一番押しやすいのは、やっぱり手のツボ。ちょっと時間が空いたとき、誰にも気づかれないようにもできるから、覚えておいて損はありません。ここで紹介する２つは、どちらもうれしいおまけつき。
合谷は頭痛、眼の疲れ、肩こり、精神不安などにも効く万能のツボ。神門は自律神経の調整やストレス軽減にも効果があるとされています。どちらも押す際は左右３～５回が目安。ゆっくりもみほぐすように押しましょう。

腹筋下部のトレーニング②

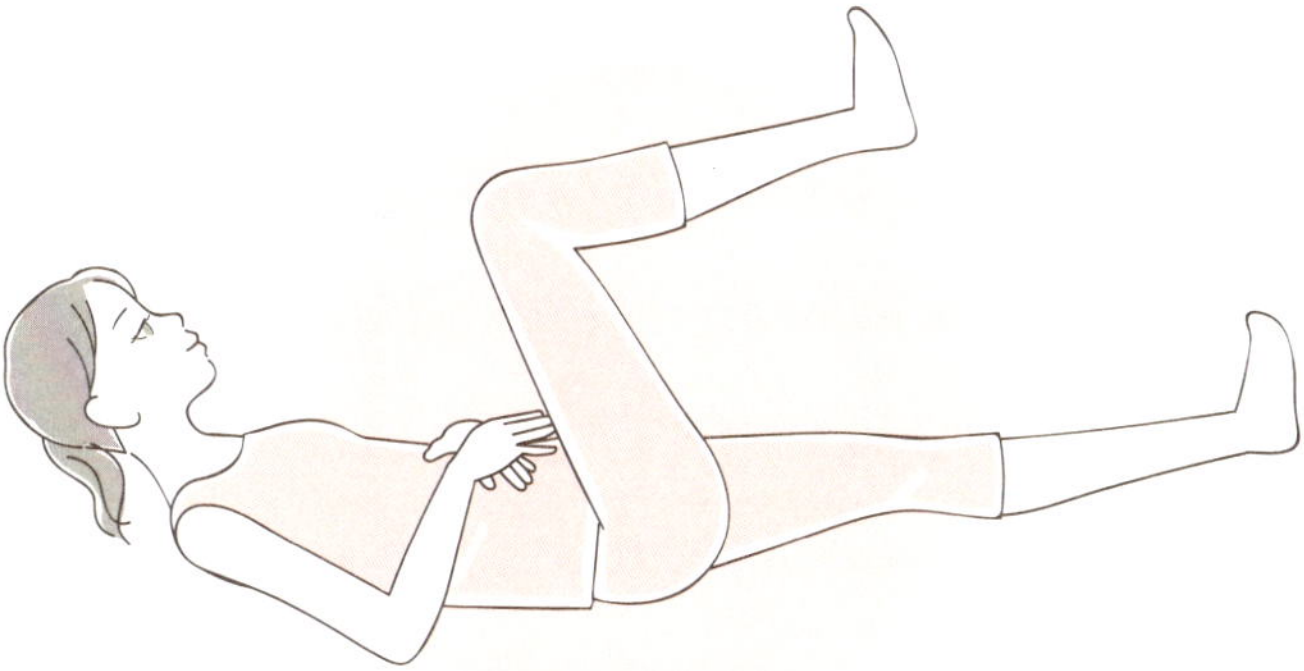

1 仰向けに寝て片脚を床から浮かせて伸ばす。

2 もう片方の足をおなかに引きつけるように曲げるのを両脚繰り返す。15～20回×朝昼晩の3セット。

POINT

めっちゃツボ押してるのに全然効かないんですけど…

痛いくらいまで押すのは逆効果。何も感じない場合も効果は期待できないみたい。気持ちよいくらいの刺激を加減して行いましょう。

腸内フローラを整えて脱・便秘

腸内フローラを整えるためには、
善玉菌を増やして育て、腸の働きを活性化することが大切。
腸から体を美しくさせましょう！

腸を活性化させる「グルタミン」

魚類
肉類
さとうきび
大豆
海藻類
小麦粉
牛乳
トマト
チーズ
卵

免疫細胞の栄養源となるグルタミンは、ストレスなどで免疫機能が働くと大量に消費される。肉や魚などを意識して摂って。

まずは善玉菌をたくさん摂る

ヨーグルト
味噌
チーズ
ぬか漬
納豆
キムチ
低温殺菌牛乳

善玉菌を多く含む食品はヨーグルトや発酵食品、低温殺菌牛乳など。これらを継続して摂ることで、腸内環境が整っていく。

食物繊維で腸内をお掃除

海藻類
豆類
いも類
こんにゃく
穀物
ごぼう
きのこ類

海藻類やきのこ類はごぼうよりもグラム数あたりの食物繊維が豊富。干ししいたけや干し大根もおすすめ。

そして善玉菌にエサをあげる！

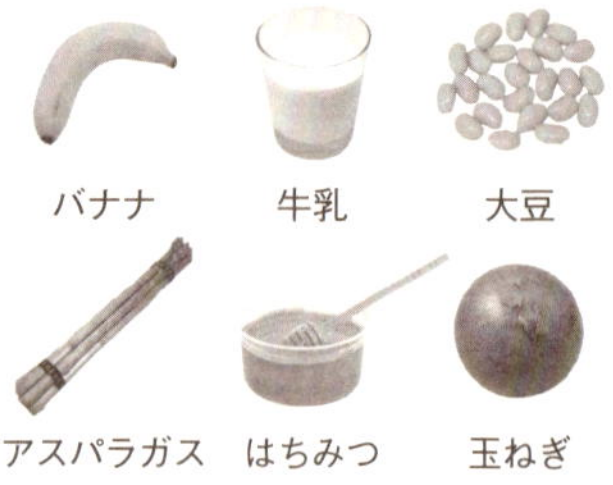
バナナ
牛乳
大豆
アスパラガス
はちみつ
玉ねぎ

善玉菌のエサとなるオリゴ糖はバナナや大豆などに多く含まれる。市販品はショ糖（砂糖）のほうが多いものもあるので注意。

善玉菌を増やして腸内をきれいなお花畑に！

ヒトの腸内には、数百種、600兆個以上もの細菌が生息しています。多種多様な細菌が植物のように群生しているさまは顕微鏡で覗くと、まるでお花畑のよう。体内で最大の免疫器官である腸の環境を整えることは、健康に直結する最重要事項とも言えるんです。

腸内フローラは善玉菌、悪玉菌、日和見菌の3種類に分けられます。腸内環境を整えるためには、まずは善玉菌を大腸に送り込むことが重要。ヨーグルトや納豆、チーズなど、ビフィズス菌や乳酸菌を豊富に含む食品を毎日食べるようにしましょう。その上で、善玉菌のエサとなるオリゴ糖や、腸の中をお掃除してくれる食物繊維を与えることも大切。これらを意識した食生活を続けることで、便秘防止、肌荒れ解消、免疫力アップ、発がんリスク低減などさまざまなメリットがもたらされます。

POINT

腸内で悪玉菌が増えるとどうなるの？

大腸菌やウェルシュ菌などの悪玉菌が増えると、体の抵抗力が弱まり、風邪などにかかりやすくなります。また、肌荒れ、口臭、下痢や便秘、アレルギーを引き起こす原因となることも。

TROUBLE 07

油断するとすぐ風邪をひく

油断するとすぐ風邪をひくグループ

既読 14：42 ゴホゴホ……

既読 14：42

正しい運動と食事！ 14：53

既読 14：59 普段の心がけはそうですよね…

「ひきそうだな」と思ったときに
治してしまおう！ 15：01

既読 15：33 ちょっともう、本格的かも…

お薬飲んで、お大事に〜 15：40

イケメン
ADVICE

体温を上げて免疫力を上げるためにも 風邪でも少しくらいは運動を！

風邪はひきはじめが肝心。「ひきそうだな」と思ったときに治してしまうのが一番です。

具体的には、まず食べすぎないこと。体力やエネルギーを消化に使わないためです。あとはビタミンを多く摂って、しっかり寝ること。

もちろん、運動もしすぎないこと。悪化してしまっては、余計に回復を遅らせてしまいます。栄養のある、消化吸収のよいものを食べてゆっくり休んでください。風邪を撃退する合言葉は「ビタミン・スイミン・グルタミン」の〝3ミン〟です。ビタミンC・Dは風邪の予防や免疫バランスの調整をしてくれます。グルタミンはウィルスや細菌と闘う免疫細胞のひとつ、リンパ球を活性化します。そして基本中の基本ですが、手洗い＆うがい＆マスクを忘れずに。

風邪ひいたら
からだを動かさなくて
いいって思ったのに！
今日はゴロゴロ
したかったのに！！
あ〜、相談して損した！！！
お前……仮病か？

ヒートショックプロテインを増やして風邪菌を撃退だっ！

体温を上げると免疫力が上がるとは、どういうことなのでしょう？　もう少し詳しく見ていきましょう。

私たちのからだには、自己回復力を高めたり免疫細胞の活性を高めてくれる、HSP（ヒートショックプロテイン）というタンパク質が存在しています。このタンパク質は、からだに何かストレスが加わると増加します。そのストレスの代表が「熱」、すなわちからだを温めること。

軽い運動もよいですが、「とにかく今日はからだを動かしたくな～い！」という方には、手っ取り早い方法として入浴をおすすめします。

もちろん、そんな気力や体力すらなかったり高熱がある場合、無理は厳禁。中途半端な体温上昇も悪化の原因になりえるので、やるならしっかり行いましょう。お風呂上りは体温が下がりすぎないよう、温かくしてください。

【HSPを増やす入浴法】

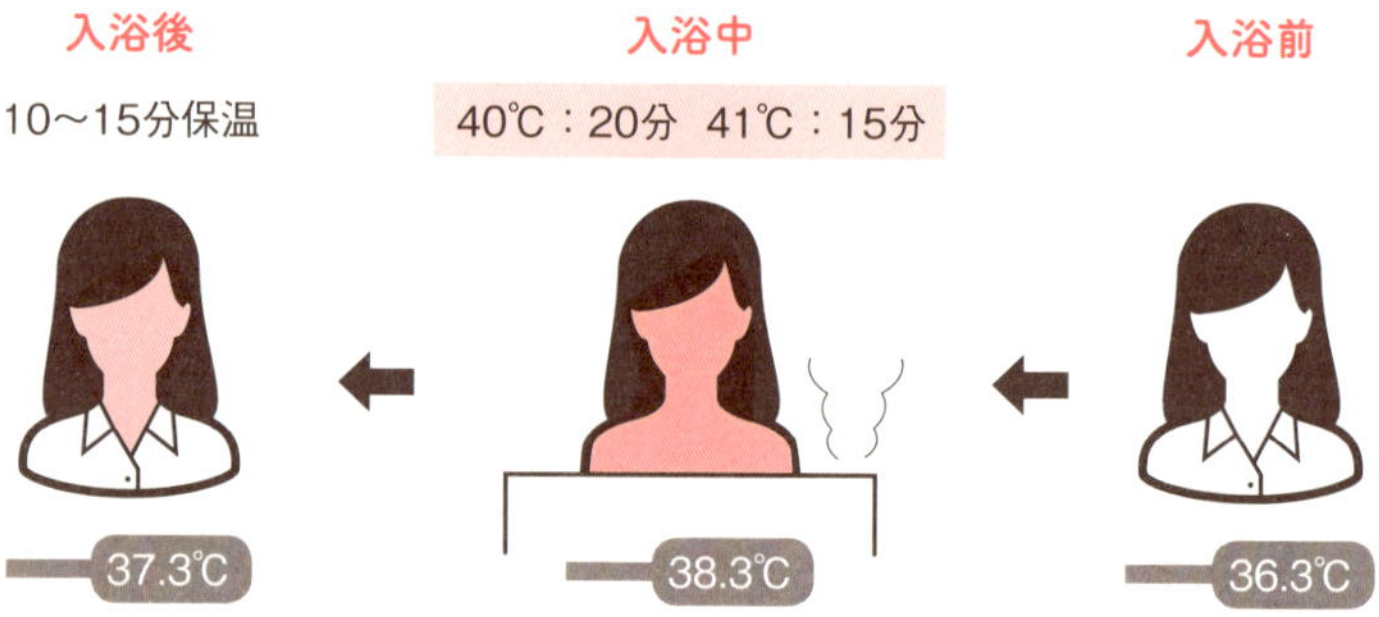

湯船につかる時間は、40℃のお湯に20分、41℃のお湯では15分が目安

浴室に基礎体温計を持ち込み、基礎体温を測ってみて2℃ほどアップしていれば問題なし。

風邪をひいてしまったときに食べていいもの、ダメなもの

風邪をひいたら食べすぎない。これは鉄則ですが、何を食べればいいのやら。ここからはおすすめの食事を紹介します。まずは消化がよくてからだが温まるもの。おかゆや煮込みうどん、卵酒といった定番はやはりおすすめ。からだを温める成分を含むにんにく、しょうが、ねぎのスタミナ三兄弟も、ぜひ取り入れたい食材です。

逆に控えたいのは、肉や揚げ物。消化に時間がかかり、それだけエネルギーが奪われます。辛いカレーや麻婆豆腐といった刺激物も、発汗作用があってからだが温まるとはいえ、胃にとっては大きな負担。元気になってから食べましょう。

体温を上げてしっかり栄養を摂ったら、あとはぐっすり眠るだけ。免疫機能は寝ているときに、一番活発になります。97ページの呼吸法でリラックスして布団に入り、すっきりした翌朝を迎えてください。

POINT

鼻が詰まってぐっすり眠れない…

鼻が詰まっていたら、上質な睡眠なんて、まず無理。けれども就寝前、鼻筋に蒸しタオルをのせて温めると、あら不思議！ 血流がよくなって鼻の通りがよくなりま～す。

TROUBLE 08

食が細いから筋肉ゼロ

食が細いから筋肉ゼログループ

既読 21：03　すぐ満腹になるんです…

既読 21：03

ちょい足しや置き換えで
高カロリー食を摂りましょう！　21：10

いきなり量を食べるのではなく、
ちょっとずつ増やしていきましょう！　21：13

既読 21：14　胃袋もトレーニングする
イメージでしょうか？

内臓も筋肉ですから
食べることが鍛えることに
つながるんです　21：16

イケメン ADVICE

胃袋のトレーニングと並行して プロテイン、サプリ、そして旬の食材！

食が細い原因は、生まれついてのものとストレスなどの生活要因の2つに分けられます。生活要因は改善することで食べられるようになりますが、生まれつき食が細い人はトレーニングが必要になります。

ちょっとずつ量を増やして鍛えるのが王道ですが、固形物だけでなくプロテインなどから栄養を摂るのも手。プロテインの場合は、タンパク質の摂取量を補うことで筋肉量のアップを目指します。飲むタイミングは、食事と食事の間やトレーニング直後が効果的でしょう。

季節ごとの旬のものを食べるのもよいアイデア。おいしいだけでなく栄養価が高いので、同じ量を食べるなら旬の食材のほうを選ぶべきなのです。消化する力が弱いようなら、消化酵素のサプリを摂ることもおすすめしておきます。

POINT

ちょい足しや
置き換えって
どういうことですか？

汁ものやおひたしにごま油をかけるだけでもカロリーは違ってきます。マヨネーズもおすすめですね。水のかわりに野菜ジュースやスポーツドリンク、牛乳を飲んだりするのもよいでしょう。カロリーだけでなく、からだの栄養となる成分も気にして健康的に体重を増やしましょう！

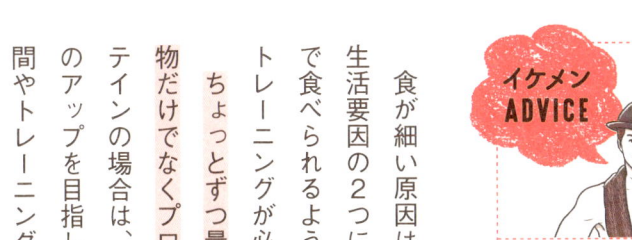

おとなキレイ COLUMN

骨盤美人のつくり方

女性にとって骨盤を正しい位置に整えるのは大切なこと。
生理不順も生理痛もPMS（月経前症候群）もサヨウナラ。
おなかがポカポカしてくる骨盤調整ストレッチを
おとなキレイな骨盤ヨガマスターから学びましょう。

腰からお尻のストレッチ

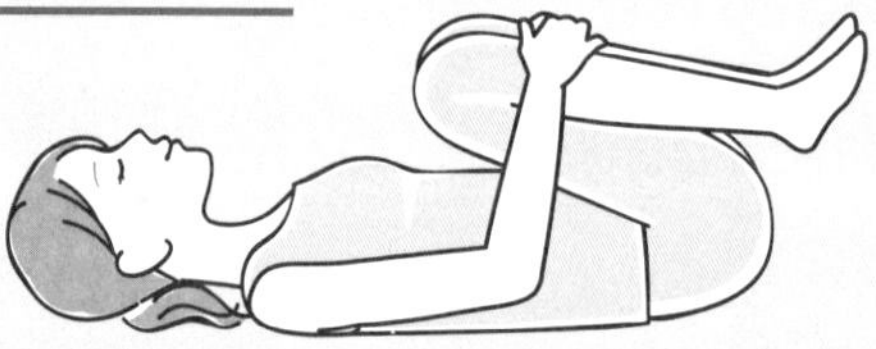

1 仰向けになって頭、背中、腰をリラックスさせ、手のひらを床につける。

2 両スネを抱えながら息を吐き、スーッと鼻から息を吸いながらヒザを胸に引き寄せて８秒間キープ。その後、息を吐いて脚をゆるめるまでを3回続けて行う。

股関節のストレッチ

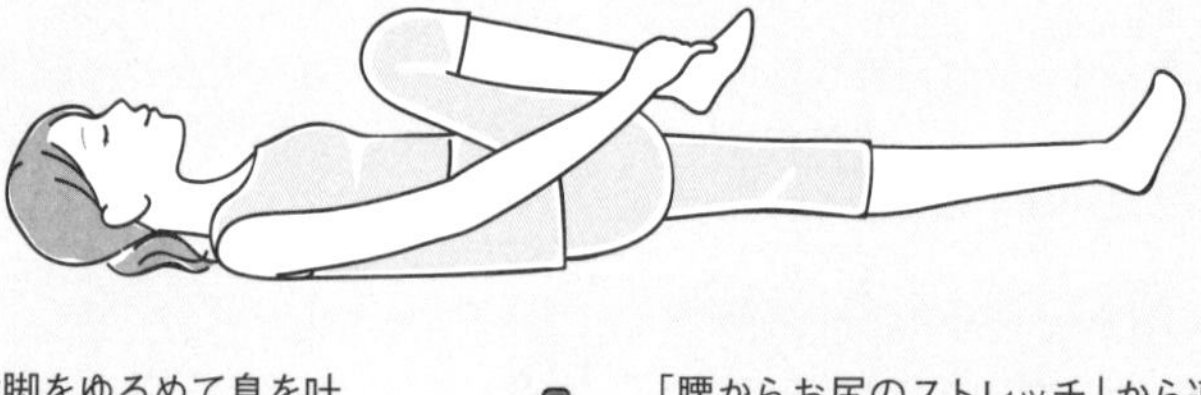

1 「腰からお尻のストレッチ」から連続して行う。息を吐きながら左脚をまっすぐ伸ばし、息を吸いながら右脚を引き寄せて８秒間キープ。

2 引き寄せた右脚をゆるめて息を吐き、息を吸いながら足首をグーッと押さえて股関節を内側へ入れていく。この状態で８秒間キープまでを両脚交互に３回ずつ行う。

仕上げのストレッチ

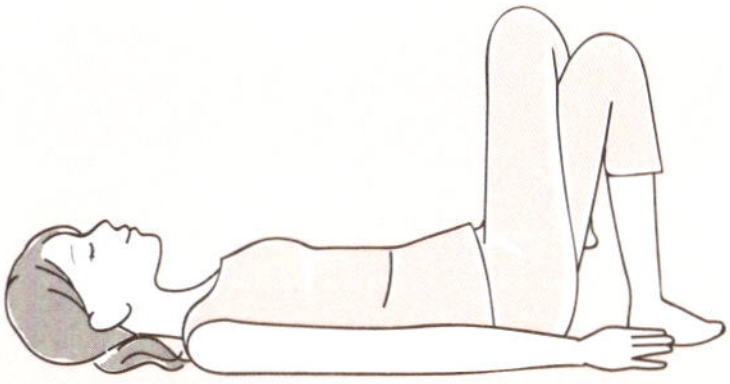

1 「股関節のストレッチ」から連続して行う。息を吐きながら右脚を持ち上げ、左脚の太ももにかける。手のひらは床につけたまま。

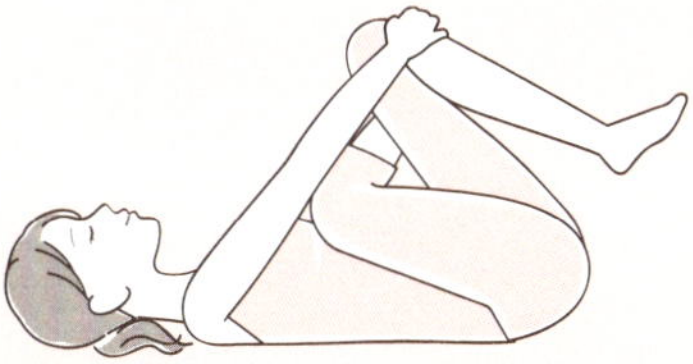

2 左ヒザを両手でつかみ、持ち上げるように引き寄せて8秒間キープまでを左右1回ずつ。このストレッチは腰痛予防にもなる。

この美人に教わりました

横田仁美さん
（アロマヨガ
桜スタジオ）

https://school.epark.jp/columns/lesson/pelvis_yoga

PROFILE

骨盤ヨガ認定インストラクター。心身の不調に悩んでいたときにヨガに出会う。ヨガは身体が軽くなるだけでなく、心までクリアに前向きになることに気づき、多くの人に知ってもらいたいとインストラクター活動をスタート。幼少時からのモダンバレエやダンス経験から、流れるようにポーズを取るヴィンヤサフローヨガ、自身の経験をふまえた骨盤調整ヨガを得意としている。全米ヨガアライアンス200h修得。

POINT

婦人科系のSOS以外にも効果はありますか？

ヨガでもたらされる効果のほとんどが、実は骨盤矯正の賜物です。猫背、O脚、便秘、腰痛、冷え性、むくみなどなど、直接的・間接的に改善が期待できます。どんなトレーニングやストレッチにも言えることだと思いますが、もちろん効果に個人差はあります。けれど続けることで必ず改善を実感できるはずです。

TROUBLE 09

ついつい食べすぎちゃう

ついつい食べすぎちゃうグループ

既読 12：49　またやってしまいました…消えたい

既読 12：49

いいじゃん！おいしそう！　12：53

たまには何も考えず
思いっきり食べたいですよね！　12：55

既読 12：56　え？　…いいの？

そ・の・か・わ・り・！
明日しっかり筋トレで
燃焼させましょうね！　12：57

既読 12：58　…ですよねー。

イケメン
ADVICE

食べすぎバッチコイ！ トータルで帳尻が合ってれば無問題です

食べすぎることそれ自体は、別に悪いことではないんです。ガソリンを入れたら、そのぶん走ればいいだけ。食べすぎたぶんは、運動して燃焼させましょう。その際は、有酸素運動よりも無酸素運動（筋トレ）がおすすめです。

とはいえ、「運動はダルい！　でも今夜は焼肉の予定が！　食べたい！」そんなわがまま気分の日もあるでしょう。夜に食べすぎることがわかっているなら、その日の朝と昼は控えるとか、翌日に減らすなどすればOK。「食べたら燃やす」「食べたら他でセーブする」を合い言葉に、平均をとってトータルで帳尻が合っていれば問題ありません。

それに、我慢しておなかをすかせすぎると、反動でかえって暴飲暴食の原因になることも。一度にドカ食いしないよう、間食や分食したほうがいい場合もあるんですよ。

［ときには間食が必要なことも］

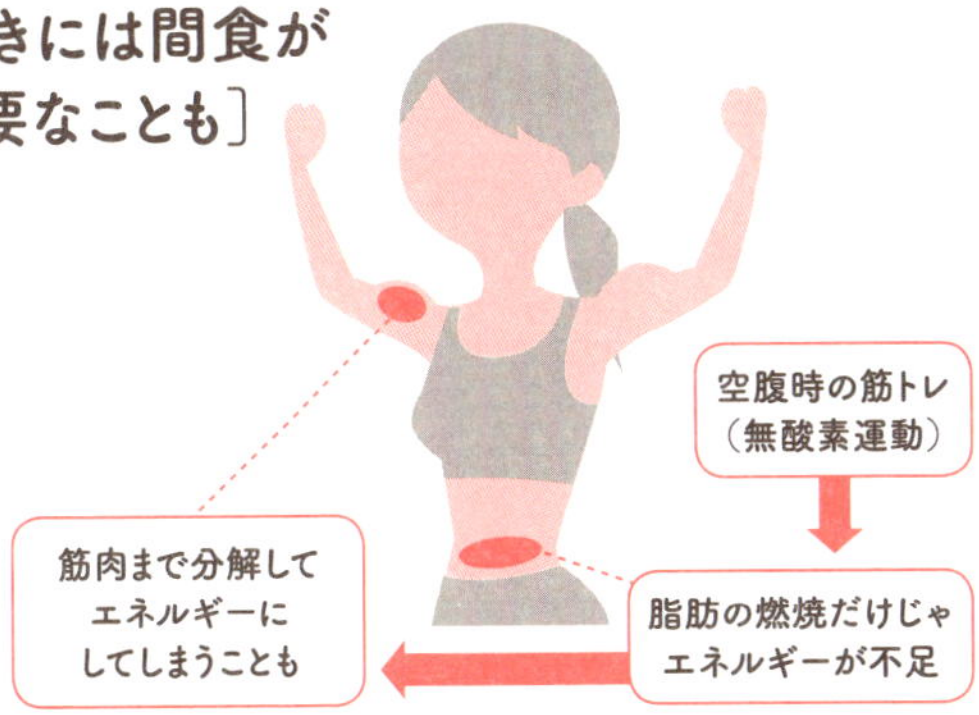
空腹時の筋トレ
（無酸素運動）
脂肪の燃焼だけじゃ
エネルギーが不足
筋肉まで分解して
エネルギーに
してしまうことも

間食は絶対悪、という考えは大きな間違い。特にトレーニング中の方には、1日5～6食は摂ってくださいと勧めることもあります。運動している人が空腹の時間を開けすぎると、筋肉を壊して必要なエネルギーに使ってしまい、かえって太りやすく痩せにくい体になってしまうんです。何事も、消費と摂取のバランスが大事なんですね。

TROUBLE 10

間食が大好物すぎる

間食が大好物すぎるグループ

既読
15：20
おやつＬＯＶＥ♡

既読
15：21

間食はむしろおすすめ。
逆に食事回数が少ないと、
体が脂肪を蓄積しようとします！
15：23

むしろ間食しましょう
15：24

低糖質のものに置き換える＆
適度な量におさえましょう。
15：26

食べてもよい間食リスト、
あとで送っておきます！
15：32

間食はまさかの「むしろ大推奨！」でも食品選びには気をつけて

まず、間食自体は悪いことじゃありません。ジムでトレーニングしている人は、腹八分目で4〜6食摂っている場合がほとんど。おなかをすかせすぎると暴飲暴食にもつながるし、空腹時間が長すぎるとからだが脂肪を蓄積しようとします。また、空腹の間に使うエネルギーは、脂肪や筋肉を壊してつくられたもの。おなかをすかせすぎると、太りやすく痩せにくいからだになってしまうんです。

間食で大事なのは食品選び。3食で摂りきれない必要な栄養素を補うイメージです。逆に問題なのが、3食しっかりおなかいっぱい食べても、習慣として間食をしてしまうこと。おなかがすいているから食べているわけではなく、食べることで幸福感や充実感を得たくて食べるのは、中毒と言ってさしつかえないでしょう。

POINT

食べてよいものリスト、
早くくださいっ！

満腹感が得られやすくて低カロリー＆低糖質、噛みごたえのあるものがおすすめです。寒天、豆腐、インスタントスープ、するめ、ヨーグルト、無糖ココアなどがよいでしょう。

我慢しなくてもいいけれど糖質中毒からは抜け出したいっ！

間食は、血糖値を上げるために糖質に依存するパターンがほとんど。特にチョコレートなどの甘い物はセロトニンも分泌されるため、中毒性が高いと言えます。摂取するならタンパク質がよいのですが、間食でささみを食べちゃう、という人はあまりいません。

とはいえ、無理に我慢するとどこかで爆発してしまいます。間食を低糖質のものに置き換える＆適度な量におさえ、そのぶん運動などで消費させるとよいでしょう。まずはチョコレートをナッツや干しいもに置き換えるなどして、いったん習慣の立て直しを。

ちなみにチョコレートも、カカオ70％以上のものならOK。ストレス抑制や疲労回復、何より脂肪燃焼に効果があるとされるポリフェノールたっぷりだから、罪悪感を感じる必要なし。もちろん食べすぎ注意です！

【 おとなキレイな間食のお作法 】

3食しっかり摂っているのなら、間食はしないほうがベター。それでも小腹はきっとすく。そんなときは炭酸水をグビリ。意外と空腹が収まります。間食を摂るなら、一番太らない時間帯、15時に。くるみやアーモンド、あたりめ、スムージー、おなかがすいたらスープもあり。「10粒まで」などと食べる量を決めておくとよいでしょう。ちなみにナッツでもカシューナッツやピーナッツは糖質が高めなので注意！

同じ間食でも、おやつ感覚で食べたらアカン、夜食。

夜中の間食、略して(?)夜食。これもお昼の間食、いわゆるおやつと考え方は同じ。けれども、夜食はおやつよりも太りやすいので注意が必要です。

夜は睡眠に向けて副交感神経優位になり、代謝が低くなります。また、エネルギー消費も昼よりも低くなっているため、夜食は余分なエネルギー認定をされて脂肪となって蓄積されるのです。きわめつけは、脂肪を蓄積させるBMAL1というタンパク質が夜間は増加するということ。2009年の女子栄養大学の研究では、朝と夜遅くに同じ食事を摂った場合、夜は食事エネルギーの75%が脂肪として蓄積されたと報告されています。というわけで、完全に食べないほうがよい夜食ですが、それでも我慢はいつか爆発してしまうもの。どうせ食べるのであればなるべく早い時刻、摂取カロリーもなるべく低く、を心がけましょう。

POINT

朝ごはんを抜いたら
間食をたくさん
摂ってもいいですか？

いやいやいやいや絶対ダメ！ まず食事の時間をあけすぎるのがNG。空腹時間が長いと脂肪を溜め込みやすいって話あったよね？ だから間食がどうのこうのの前に朝ごはんは絶対食べること！ 3食で足りない栄養素を間食で補うルール、忘れないで。

TROUBLE 11

エブリデイ菓子パン祭り

エブリデイ菓子パン祭りグループ

三食しっかり食べてるのに、
毎日菓子パンを食べちゃうんです…
既読
11：47

既読
11：47

気づいたら無意識に食べていませんか？
11：47

ハッ！　そうかも！
既読
11：48

糖質は依存しやすいですからね
11：49

おなかいっぱいでも、食べることが
習慣になってしまってるんですね
11：50

マクロビや低糖質の食べ物に
少しずつ置き換えていきましょう～！
11：55

イケメンADVICE

"ばっかり食べ"は依存の一種
置き換えて少しずつ減らしましょう

ひとつのものばかり食べてしまうのは、それを食べることで脳が幸福感や充実感を感じて精神的に依存しているから。特に、瞬間的に血糖値を上げてテンションを高めてくれる糖質や、幸福物質セロトニンを分泌してくれるチョコレートなどはハマりやすいんです。空腹だから食べるわけではないので、三食しっかり摂っていても無意識に習慣で食べちゃうんですよね。たとえばポテチなら、「半分まで」食べてあとは捨ててしまう。「痩せる」という目的のために。目的への意識が強くなれば、依存性も自然と抜けていきます。

また、ラーメンや牛丼など、それだけだと栄養価が偏ってしまうものが習慣化している場合、ごほうび的な位置づけにして食べる頻度を減らすこと。それ以外の食事でバランスをとって、トータルで調整すればOKですよ！

［アルコールは絶対に断つべき？］

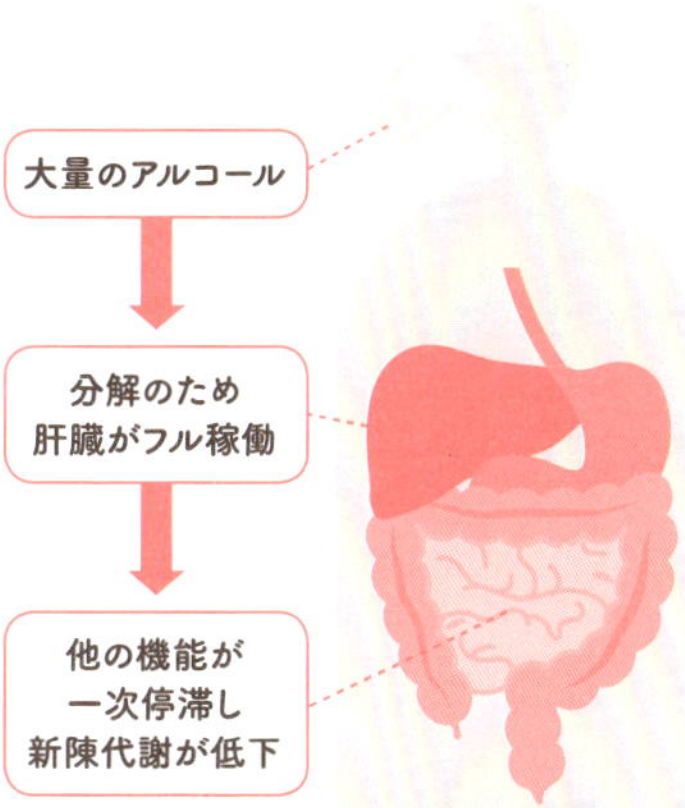
大量のアルコール
分解のため
肝臓がフル稼働
他の機能が
一次停滞し
新陳代謝が低下

お酒を飲みすぎると、アルコールの分解のために他の栄養の代謝が後回しになってしまうので、いくら栄養価の高いものを食べても、消化が追いつかなくなります。飲まないに越したことはありませんが、お酒を飲まないことがストレスになるなら、そのほうが体に悪いとも言えます。たまには飲みすぎちゃうこともあるよね、くらいのスタンスで気楽にいきましょう。

TROUBLE 12

マイナス思考が止まらない

マイナス思考が止まらないグループ

自分の体型に自信がないから、
うつむいて猫背になっちゃうし、
肌を出すのも怖いし、
もっとおしゃれをしたくても
服を買いに行くための服がありません！

既読
10：37

既読
10：38

大丈夫！筋トレしましょう！

10：42

自信がないときこそ筋トレですよ！

10：44

筋肉は裏切りません！
努力して体が変わったことを実感すれば、
心の自信にもつながりますよ！

10：43

正しい運動と食事はあなたの最大の味方！
さあ、もう少し僕たちと
一緒にがんばりましょう！

10：43

イケメン ADVICE

からだを鍛えると心もプラス思考でポジティブになるんです！

トレーニングで変わるのは、見た目やからだつきだけではありません。努力してそのからだをつくったというプロセスに対して自分に自信が持てるようになり、性格も前向きになるんです。

それに、正しい運動と食事のルールを知っておけば、食べることが楽しくなるんですよ。知識がないと、食べること自体にやみくもに罪悪感を抱いてしまい、最悪、摂食障害などに陥る危険もあります。一説では、罪悪感を抱きながら食べるケーキと、美味しくて幸せだなと思いながら食べるケーキでは、脳内で出るホルモンが異なり、前者は太りやすく、後者は太りにくくなるとも言われています。「思い込みの力、どんだけだよ！」という話ですが、運動と食事の正しい知識は、人のメンタルも変えるんですね。

[筋トレで活性化する幸福物質セロトニン]

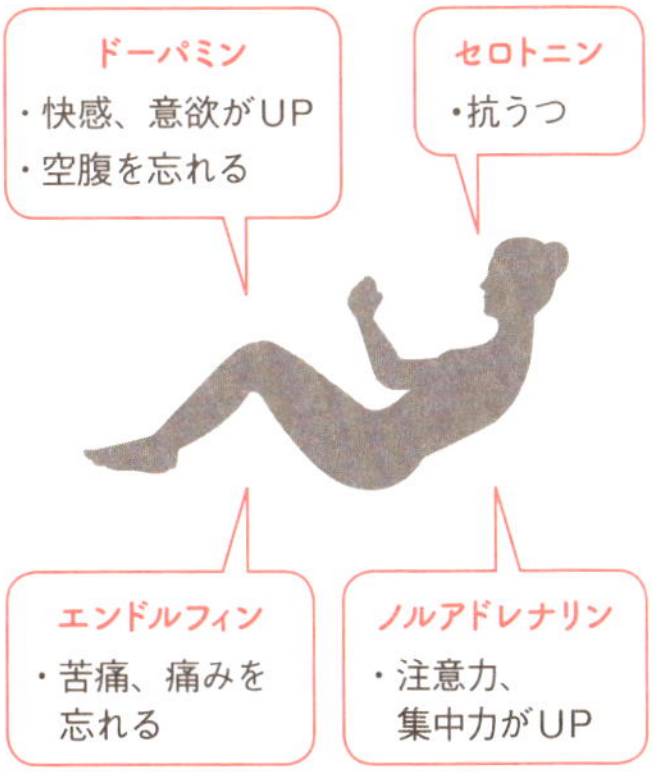
ドーパミン
・快感、意欲がUP
・空腹を忘れる
セロトニン
・抗うつ
エンドルフィン
・苦痛、痛みを忘れる
ノルアドレナリン
・注意力、集中力がUP

筋トレや運動をすると、脳内で幸福物質セロトニンの分泌が活性化され、うつ病やネガティブ思考になりにくくなるとされています。さらに、神経系の働きを高めてストレス耐性を強くする効果もあるとか。もともと、男性に比べて女性はセロトニンの生産能力が弱く、不安になりやすいとも言われます。女性こそ、筋トレをしてポジティブ思考を手に入れましょう。

おとなキレイCOLUMN

こころ美人のつくり方

ストレスを溜め込んだままだと、なかなか眠りにもつけないもの。
その日のモヤモヤは、その日のうちに——
１日の終わりに気分をすっきり解放してくれるヨガポーズを
おとなキレイなヨガマスターから学びましょう。

ウサギのポーズ

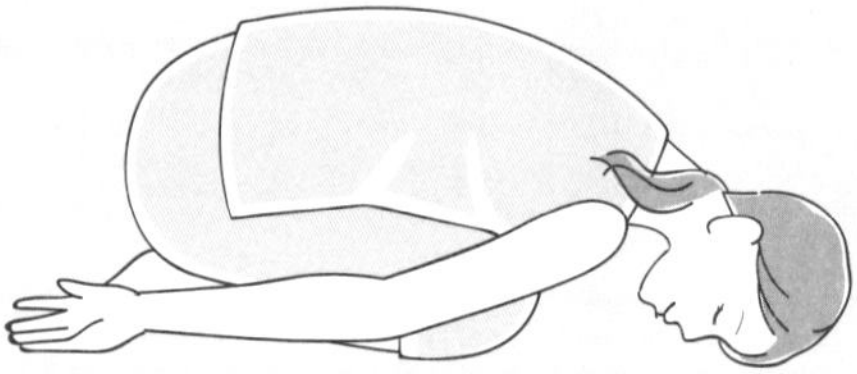

1 背筋を伸ばして正座する。このまま前傾していくので、ヨガマットの上で行う場合はマットの中央よりも少し後ろに座ること。

2 リラックスした状態で、息を吸いながらお尻をゆっくりと持ち上げ、頭頂部に重心をかけていく。このとき、肩の力が抜けていることを意識する。

3 自分が気持ちいいと思える時間だけ行ったら、「1」のポーズに戻ってリラックス。ゆっくりと心身を解き放つ。

半月のポーズ

1 両足をそろえて立つか、肩幅くらいに開いてつま先を真っ直ぐにして立つ。両手を組んで、腕を肩甲骨から持ち上げるように意識して両腕を天井へ伸ばす。

2 上半身を右真横へ倒しながら、左わき全体を気持ちよく伸ばす。横に倒そうとするより、骨盤回りの力を抜いて骨盤を左へ突き出すようにするのがコツ。反対側も同様に伸ばす。がんばらず気持ちよさを優先し、左右15秒くらい行う。

3 ストレッチをより深めるなら、「2」の状態から顔を空のほうへ傾ける。その際、自然な呼吸を忘れないように注意。首に痛みを感じるなど、苦しいようであれば無理をしないこと。

この美人に教わりました

栗原エイコさん
（レヴン原宿・表参道）

https://school.epark.jp/columns/lesson/relaxation_yoga_begginers

PROFILE

LEAVEN代表、ホリスティックヨガセラピスト。ヨガを通して身体と自分自身との向き合い方を指導するかたわら、企業や団体からの講演やセミナーの依頼も多く精力的に活動している。RYT200、E-RYT200、YACEP取得。また世界最高峰のエステティックの国際ライセンスCIDESCOも保有する。

POINT

頭のてっぺんを
グリグリすると
気持ちいいですね…

頭のてっぺんには「百会」と呼ばれる万能のツボがあるので、うさぎのポーズで少しだけ前後にグリグリして気持ちよい場所を探すのもGOOD！ ただし、絶対に首を左右に振らないこと。体重がかかっている状態なので首を痛めてしまう恐れがあります。

SPECIAL THANKS

いま会える
イケメントレーナー
REAL

時にやさしく、時に厳しく――本書で悩めるおブスたちを美人へと導いてくれた
イケメントレーナーのことをもっと知りたい！ そんなあなたのために、行けば会えるスクールをご紹介!!

弟分的イケメン

秋《あき》場《ば》航《わたる》

WATARU AKIBA

カラダが変われば、ミライが変わる。一緒にミライを変えませんか？

PROFILE

青山学院大学を卒業後、大手食品メーカーに就職。カラダを変えていく事に魅力を感じ、トレーニングの勉強を開始。退職後、某パーソナルジムにてプロトレーナーの手ほどきを受けてトレーニングの真髄を学び、「日本のカッコイイを変える」を目標にミラリスを立ち上げる。83キロ→53キロというダイエットに成功した経験と、そのガリガリボディから現在のボディをつくる経験から得た知識をもとに、鏡に見せたいカラダを体現している。

ここで会えます

トレーニングサロン
Mirroris

住所	〒106-0044 東京都港区東麻布1-7-7
駐車場	なし
アクセス	都営地下鉄大江戸線「赤羽橋駅」 徒歩3分
定休日	年中無休
営業時間	8:00～24:00（最終受付23:00） ※基本アーティストに順ずる
施設情報	フィットネスウェア、シューズ、 プロテイン、タオル、 ミネラルウォーター

三代目風イケメン

青《あお》木《き》泰《たい》蔵《ぞう》

TAIZO AOKI

昨日より新しい自分、Pureな Bodymakeは素晴らしい！

PROFILE

120kgのデブから独学で50kgのダイエットに成功。モデルを経験後、日本最大級のカッコイイ体を競うコンテストで初代総合優勝に輝き、テレビ出演や雑誌に掲載などにメディア露出。さらにニューヨークに単身渡米した際、現地デザイナーにスカウトされてモデルとしてランウェイを歩く。国際的指導ライセンスNSCA-CPT認定取得しBodykeを創設。教え子をサマスタ日本一の体に育て上げ「日本一から日本一を生み出す」という圧倒的実績を誇る。

ここで会えます

パーソナル
トレーニングジム
Bodyke 池袋店

住所	〒171-0021 東京都豊島区西池袋5-2-11 第一春谷ビル4F
駐車場	なし（近くにパーキングあり）
アクセス	東京メトロ丸ノ内線「池袋駅」 C2出口より徒歩30秒
定休日	不定休
営業時間	10:00-22:00 （トレーニング最終受付21:00）
目的	糖質制限なし、好きなモノを 食べながら体を引き締める、 日本初“オリジナルダイエット”

正統派イケメン

池《いけ》田《だ》誠《まこと》

MAKOTO IKEDA

トレーニングは目的じゃなく手段でいい。すべてはライフスタイルを輝かせるために。

PROFILE

プロベーシストとして数々の作品やアーティストのサポート活動の後、大手ボディメイクジムに入社。パーソナルトレーナーとしてのキャリアをスタートさせる。多くのボディメイクを成功へと導き、店舗マネージャー、ボディコンテスト優勝などを経て、2016年にMAKOTO lifestyle produceを立ち上げる。重さに頼らないトレーニング、ストレッチによるコンディショニングも取り入れ、柔らかく強い体、「しなやかなボディメイク」を得意とする。見た目の美しさ、日常のパフォーマンス向上を叶える。

ここで会えます

MAKOTO
lifestyle
produce

住所	〒220-0073 神奈川県横浜市西区岡野1-1-5 casa astrea 1105
駐車場	なし（近くにパーキングあり）
アクセス	JR「横浜駅」西口より徒歩7分 相鉄本線「平沼橋駅」徒歩5分
定休日	不定休
営業時間	10:00-22:00
施設情報	シャワー完備、タオル・ミネラル ウォーター・シューズ預かり無料

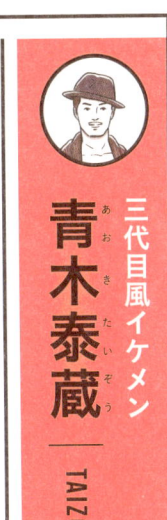

バレエイケメン

今《こん》勇《ゆう》也《や》

YUYA KON

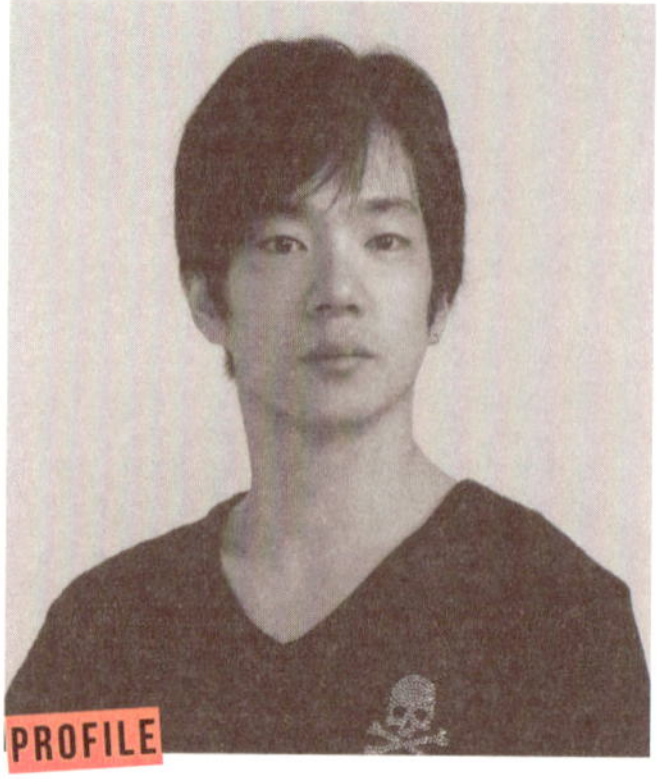

PROFILE

20歳でバレエを始め、1年後に牧阿佐美バレエ団に入団。2009年にクルミ割り人形で主役デビュー。NHK放送「吉田都のスーパーバレエレッスン」でロミオ役、同放送「N響バレエ」眠りの森の美女よりデジレ王子、バレエの饗宴などに出演。そのほか新国立劇場バレエ団公演「ライモンダ」やワシントンツアーでソリスト、バレエ協会、NBAバレエ団、小牧バレエ団、バンコクシティバレエで主役やソリストを務める。

ここで会えます

コンバレエスタジオ
糀谷スタジオ

住所 〒144-0035
東京都大田区南蒲田3-13-12
木崎ビル　2・3F

駐車場 なし（近くにパーキングあり）

アクセス 京急空港線「糀谷駅」徒歩3分

営業時間 月曜日11:00～
親子ballet（第1・3週 平和島スタジオ／第2・4週 糀谷スタジオ）15:30～　ベビー16:30～　ジュニアAB火曜日16:00～16:45 ベビー17:00～18:00　ジュニアAB18:30～　ジュニアC20:10～　大人金曜日15:30～　ベビー17:00～　ジュニアAB18:30～　ジュニアC20:10～　大人土曜日10:00～ベビークラス11:00～ジュニア大人合同

マッチョイケメン

阿《あ》部《べ》一《かず》仁《ひと》

KAZUHITO ABE

将来、今よりもキレイでいたいなら今からエクササイズ始めましょう！

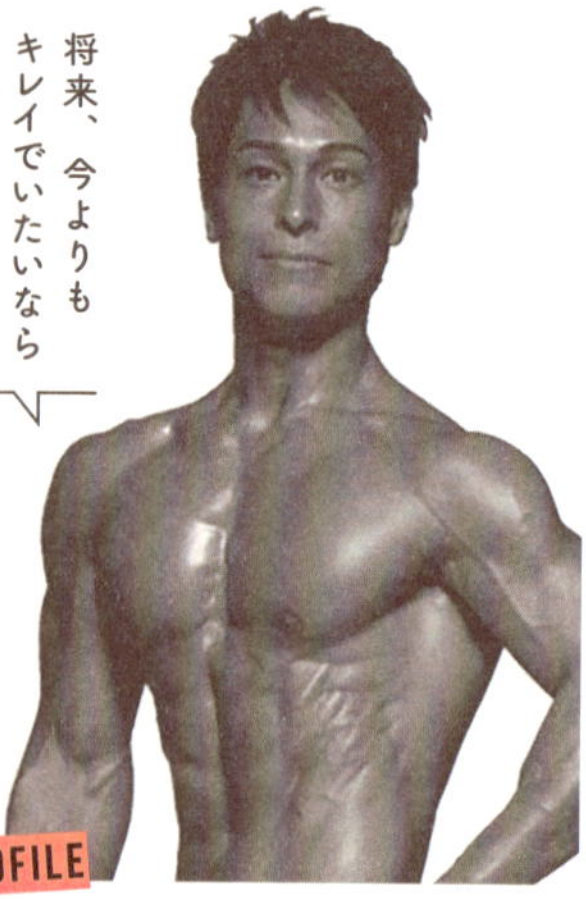

PROFILE

大手プライベートジムを経て独立。「ボディメイクに年齢は関係ない」をモットーとし、腹筋プログラムやヒップアッププログラムを武器に、モデルやタレントのボディメイクも担当している。自分自身のからだづくりも徹底し、メンズフィジークやミスターオリンピアにも挑戦し続けている。

ここで会えます

BOSTY
恵比寿スタジオ

住所 〒150-0013 東京都渋谷区
恵比寿4-11-8 グランヌーノ202

駐車場 なし

アクセス JR山手線「恵比寿」駅
東口より徒歩5分
東京メトロ日比谷線「恵比寿」駅
3番出口より徒歩5分

定休日 不定休

営業時間 8:00～23:00

施設情報 シャワールーム有り

EPARK
スクール

https://school.epark.jp/

＼もっと！／
自分好みのイケメンを探す スクール

まだ見ぬイケメンを拝むため、いや、もっと美人になるために自分に合ったスクール選び、始めませんか？

イケメン スクール 検索

予約はここから！

無料体験レッスンの掲載、国内最大級！ レッスン検索・予約サイト EPARKスクールのココがすごい!!!!!

その1 口コミいっぱい！ 体験レポートも

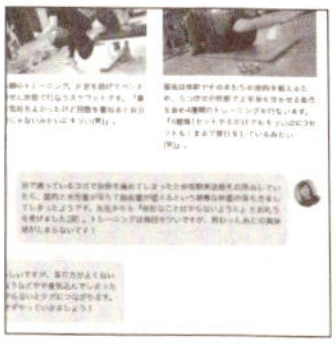

実際に体験した方の声がたっぷり！ 連日連夜じゃんじゃん公開されています。さらにガッツリ通い始めた方のトレーニング現場にガチで密着する「ガチレポ」も掲載&新規チャレンジャー募集中です！

その2 こんな人になりたい！ インストラクターの情報満載

PRO・FILE

心身ともに美しい厳選インストラクターの特別インタビューなど、見ているだけでキモチが前を向きそうなコンテンツPRO・FILE（プロファイル）では、スペシャルレッスン情報なども登場。

その3 無料体験のほか 1回完結のレッスンも

無料体験レッスンは国内最大級！ 無料じゃなくても、特別プライスでレッスンが体験できるジムもたくさん。ラインナップは身体を動かす系だけでなく、カルチャー系も豊富。目指せ、多角的美人!?

その4 美人をつくる コラムも充実

美人トレーナーによる美人になるためのヨガレシピなど、お部屋で気軽に挑戦できる「レッスンコラム」は写真解説つきだから、めんどくさがりかつ不器用さんでもラクラク。まずはやってみましょうよ。

参考文献

『おとな女子のセルフ健康診断』(G.B.　監：内山明好)

『美人をつくる熟睡スイッチ』(G.B.　著：小林麻利子)

『首美人革命』(G.B.　著：中野由紀子)

『人生を変えるレシピ 予約のとれないダイエットサロンの
美人をつくる食事法』(宝島社　著：木下あおい)

『もっと輝く自分になる！ シンプルな習慣』(宝島社)

『花粉症が楽になる33の方法』(宝島社　監：藤田紘一郎)

『タニタの14日間ブリリアントボディLESSON』
(宝島社　著：ビューティ・キャンプ・マジック制作委員会、
監：株式会社タニタ／一般社団法人ミス・ユニバース・ジャパン)

『カラダが硬い人ほどうまくいく！ 2週間でやせるストレッチ』(著：和田清香)

『20kgやせた！ 作りおきおかず』(宝島社　著：麻生れいみ)

『やせる！ 1品で大満足の主菜スープ』(宝島社　著：北嶋佳奈、監：牧田善二)

『ライザップ糖質量ハンドブック』(日本文芸社　監：RIZAP株式会社)

『ホントによく効くリンパとツボの本』(日本文芸社　著：加藤雅俊)

『経絡・ツボの教科書』(新星出版社　監：兵頭明)

『毎日がもっと充実！ 朝と夜の新習慣』(日経BP社)

『爆睡術：「いい眠り」には法則がある』(三笠書房　著：西田昌規)

『Dr.クロワッサン　腸内フローラ健康法』(マガジンハウス)

『Dr.クロワッサン　自律神経が整えば健康になる』(マガジンハウス)

おわりに

ああ…道行く誰もが
私たちを見てる……
いや…私たちに
見とれてる…
ホ〜ホッホッホッホ…
それも…
これも……
イケメン
トレーナーさんたちの
お・か・げ……!
シャリバ〜ン

……と…まあ…妄想はこれくらいにしておいて…
今日からおとなキレイな生活始めるぞっ♪
KEEP 正しい運動＆食事＆ルーティン！
KEEP ビューティー＆ヘルス！！
KEEP おとなキレイ！！！
TO BE CONTINUED...

Tokio Knowledge

トキオ・ナレッジ

誰でも知っていることはよく知らないけれど、誰も知らないようなことには妙に詳しいクリエイティブ・ユニット。弁護士、放送作家、大手メーカー工場長、デザイナー、茶人、ライター、シンクタンクSE、イラストレーター、カメラマン、新聞記者、ノンキャリア官僚、フリーターらで構成される。著書に『正しいブスのほめ方』『正しい太鼓のもち方』『めんどうな女(ひと)のトリセツ』(すべて宝島社)など。『正しいブスのほめ方』は海外でも発売され話題となる。

BOOK STAFF

デザイン　酒井由加里(G.B. Design House)
イラスト　栗生ゑゐこ、豊島 愛(キットデザイン)、信吉
営業　峯尾良久
編集協力　出口圭美(G.B.)、福田フクスケ、阿部花恵

SPECIAL THANKS
大川昭徳(株式会社APPY 代表取締役会長)

イケメントレーナー presents
ずぼら女子のための
おとなキレイ養成講座

初版発行　2017年12月25日

著者　トキオ・ナレッジ
協力　EPARKスクール

編集発行人　坂尾昌昭
発行所　株式会社G.B.
〒102-0072
東京都千代田区飯田橋4-1-5
電話　03-3221-8013(営業・編集)
FAX　03-3221-8814(ご注文)
URL　http://www.gbnet.co.jp
印刷所　大日本印刷株式会社

ISBN 978-4-906993-47-5

Now on Sale!!!

おとなキレイを
応援する
G.B.の本!

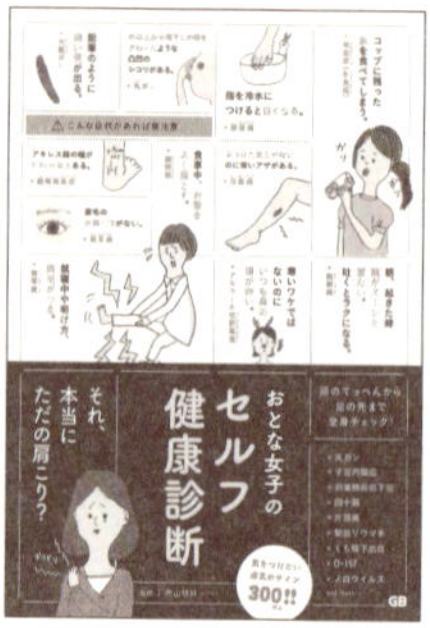

おとな女子の
セルフ健康診断

女性に向けた新しい「家庭の医学」。病気の症状、しくみをカラーイラストでわかりやすく紹介。
監修：内山明好
本体1600円+税

美人をつくる
熟睡スイッチ

人生が変わる究極の睡眠指南書。
著：小林麻利子　本体1300円+税

マンガで古堅式!
夢をかなえる
片付けのルーティン

本当の幸せを呼ぶ整理収納法!
原作：古堅純子　本体1150円+税

首美人革命

1日1分で若返るスキンケア術。
著：中野由紀子　本体1380円+税

普段使いの器は
5つでじゅうぶん。

器選びのヒント、お教えします。
著：江口恵子　本体1300円+税

子どもが散らかしてもすぐ片付く
梶ヶ谷家の
整理収納レシピ

おうちを素敵にカスタマイズ。
著：梶ヶ谷陽子　本体1300円+税

東京の夜の
よりみち案内

素敵な夜に、きっと出合える。
著：福井麻衣子　本体1600円+税